Descubra Juegos Gratis Online

Disponibles Aquí:

BestActivityBooks.com/FREEGAMES

5 CONSEJOS PARA EMPEZAR

1) CÓMO RESOLVER LAS SOPA DE LETRAS

Los rompecabezas tienen un formato clásico:

- Las palabras se ocultan sin espacios ni guiones,...
- Orientación: Las palabras pueden escribirse hacia delante, hacia atrás, hacia arriba, hacia abajo o en diagonal (pueden estar invertidas).
- Las palabras pueden superponerse o cruzarse.

2) APRENDIZAJE ACTIVO

Junto a cada palabra hay un espacio para anotar la traducción. Para fomentar un aprendizaje activo, un **DICCIONARIO** al final de esta edición te permitirá comprobar y ampliar tus conocimientos. Busca y anota las traducciones, encuéntralas en el puzzle y añádelas a tu vocabulario!

3) MARCAR LAS PALABRAS

Puedes inventar tu propio sistema de marcado. ¿Quizás ya usas uno? También puedes, por ejemplo, marcar las palabras difíciles de encontrar con una cruz, las que te gustan con una estrella, las nuevas con un triángulo, las raras con un diamante, etc.

4) ESTRUCTURAR EL APRENDIZAJE

Esta edición ofrece un **CUADERNO DE NOTAS** muy práctico al final del libro. En vacaciones, de viaje o en casa, podrás organizar fácilmente tus nuevos conocimientos sin necesidad de un segundo cuaderno!

5) ¿HABÉIS TERMINADO TODAS LAS PARRILLAS?

En las últimas páginas de este libro, en la sección **DESAFÍO FINAL**, encontrarás un juego gratis!

¡Rápido y sencillo! Echa un vistazo a nuestra colección de libros de actividades para tu próximo momento de diversión y aprendizaje, ¡a sólo un clic de distancia!

Encuentre su próximo reto en:

BestActivityBooks.com/MiProximoLibro

En sus marcas, listos, ¡Ya!

¿Sabías que hay unas 7.000 lenguas diferentes en el mundo? Las palabras son preciosas.

Nos encantan los idiomas y hemos trabajado duro para crear libros de la más alta calidad para tí. ¿Nuestros ingredientes?

Una selección de temas adecuados para el aprendizaje, tres buenas porciones de entretenimiento, y luego añadimos una cucharada de palabras difíciles y una pizca de palabras raras. Los servimos con cariño y máxima diversión para que puedas resolver los mejores juegos de palabras y te diviertas aprendiendo!

Tu opinión es esencial. Puedes participar activamente en el éxito de este libro dejándonos un comentario. Nos encantaría saber qué es lo que más le ha gustado de esta edición.

Aquí hay un enlace rápido a tu página de pedidos:

BestBooksActivity.com/Opiniones50

Gracias por tu ayuda y diviértete!

Todo el equipo

1 - Ajedrez

```
R S A Þ O T K V P H U R T M
E N A Ð O P L E I K U R B Q
G J K Ð G I T S M E N R Ó F
L A L E L E J K Í I F U Ð K
U L E Ð P Æ R K T D E T Q O
R L I X O P R Ð R N T Í R N
B V K H B Z N A A A S V I U
N Z M H I X L I V L Ð H R N
U X A U Ð G E S S Æ A R A G
B O Ð F B P K F I M W U T U
H O U Z H I Ð P Z T Ó M S R
X K R V M H F Q H Ó I U I A
F Z G G E Þ E Z E M F I E X
D R O T T N I N G S K Á M S
```

AÐ LÆRA	MÓTMÆLANDI
HVÍTUR	AÐGERÐALAUS
MEISTARI	STIG
KEPPNI	REGLUR
SKÁ	DROTTNING
STEFNU	KONUNGUR
SNJALL	FÓRN
LEIKUR	TÍMI
LEIKMAÐUR	MÓT
SVART	

2 - Agua

```
Á  G  C  R  U  K  Í  S  R  Ó  J  N  S  D
V  H  L  U  P  R  U  D  L  Ö  J  N  U  R
E  K  A  L  P  T  I  K  A  R  K  R  H  Y
I  Ð  F  Y  G  L  S  V  R  Z  E  U  O  K
T  M  R  B  U  M  S  T  E  V  B  X  M  K
U  F  O  I  F  A  H  B  U  R  B  I  N  J
M  L  S  L  U  G  U  F  U  R  E  W  Q  A
X  Ó  T  L  N  Ú  S  N  O  M  T  G  D  R
C  Ð  L  E  O  Ð  N  O  O  G  Ð  U  Z  H
Y  B  Q  F  C  R  I  G  N  I  N  G  X  Æ
O  M  Þ  R  F  V  Þ  P  K  U  D  I  O  F
G  E  Y  S  I  R  Í  Ð  J  N  G  Þ  I  T
J  D  L  G  J  Y  S  F  D  L  C  N  V  K
A  L  G  Y  T  B  C  D  K  O  P  U  P  Þ
```

SÍKUR
STURTU
UPPGUFUN
GEYSIR
FROST
ÍS
RAKI
FELLIBYLUR
RÖKUM
FLÓÐ

LAKE
RIGNING
MONSÚN
SNJÓR
HAF
ÖLDUR
DRYKKJARHÆFT
ÁVEITU
RIVER
GUFU

3 - Arqueología

```
J  R  I  N  K  Ó  S  N  N  A  R  T  M  S
I  U  M  F  F  M  Þ  O  A  E  E  E  I  I
G  G  A  I  O  V  G  E  Þ  L  Q  M  N  Ð
M  N  Á  R  R  Y  J  L  K  Z  D  P  N  M
A  I  H  O  N  R  H  D  E  K  E  L  I  E
T  Ð  I  L  Ö  V  L  P  Þ  Y  T  E  P  N
R  Æ  G  L  L  M  U  M  Í  T  M  S  R  N
Á  R  G  R  D  J  T  L  B  O  H  T  Ó  I
Ð  F  R  B  E  N  I  E  B  R  N  B  F  N
G  R  Ö  G  L  I  L  B  S  B  W  O  E  G
Á  É  F  S  C  E  N  A  A  G  R  X  S  O
T  S  I  Þ  H  Z  W  I  E  M  K  G  S  O
A  X  A  O  Ð  Y  W  E  N  K  V  P  O  S
A  F  K  O  M  A  N  D  I  G  P  W  R  C
```

GREINING	BROT
FORNÖLD	BEIN
ÁR	RANNSÓKNIR
SIÐMENNING	RÁÐGÁTA
AFKOMANDI	HLUTI
ÓÞEKKT	GLEYMT
LIÐ	PRÓFESSOR
TÍMUM	MINNI
MAT	TEMPLE
SÉRFRÆÐINGUR	GRÖF

4 - Granja #2

```
Ð  Y  N  N  D  P  G  L  X  T  D  P  A  B
L  A  M  A  D  Ý  R  G  D  Ð  Ý  G  R  Ý
B  K  L  U  N  Y  I  G  N  E  R  W  L  F
M  Ó  O  Z  I  D  Ð  M  G  Y  E  U  S  L
A  Á  N  R  K  R  R  J  U  Ð  Ö  L  H  U
T  V  A  D  N  Á  I  Ó  L  Þ  N  C  G  G
U  Ö  Z  D  I  T  H  L  V  C  D  M  R  N
R  X  J  B  A  T  Q  K  W  B  J  C  Æ  A
O  T  K  Y  G  A  I  L  A  M  B  Á  N  B
I  U  H  G  I  R  W  E  V  I  R  V  M  Ú
R  R  B  G  Y  V  Y  G  V  K  I  E  E  I
T  A  S  X  E  É  R  D  H  H  N  I  T  C
J  P  U  N  Ð  L  K  B  S  B  Y  T  I  R
A  L  D  I  N  G  A  R  Ð  U  R  U  J  Y
```

BÓNDI	LAMADÝR
DÝR	KORN
BYGG	KIND
BÝFLUGNABÚ	HIRÐIR
MATUR	ÖND
LAMB	ENGI
ÁVÖXTUR	ÁVEITU
HLÖÐU	DRÁTTARVÉL
ALDINGARÐUR	HVEITI
MJÓLK	GRÆNMETI

5 - La Empresa

```
A  T  E  K  J  U  R  G  Æ  Ð  I  Y  F  A
F  U  Q  I  D  N  A  P  A  K  S  J  D  T
E  R  Ð  A  Ð  I  L  K  Y  N  N  I  N  G
I  U  A  L  Þ  N  U  Ó  R  Þ  K  B  X  F
N  G  N  M  I  V  A  U  G  W  J  O  Y  J
I  E  N  Þ  F  N  U  Ð  R  Ö  V  K  Á  Á
N  L  I  J  Ð  A  D  J  U  Y  N  H  P  R
G  G  V  U  Þ  L  R  I  Q  R  S  Þ  P  F
A  A  T  A  S  S  W  I  R  D  X  V  H  E
R  F  A  I  M  L  Þ  X  R  D  U  O  M  S
Á  H  Æ  T  T  A  V  Ö  R  U  Q  T  X  T
D  V  V  I  Ð  S  K  I  P  T  I  P  F  I
M  Ö  G  U  L  E  I  K  A  A  O  Y  D  N
N  Ý  J  A  R  O  R  Ð  S  P  O  R  O  G
```

GÆÐI   KYNNING
SKAPANDI   VÖRU
ÁKVÖRÐUN   FAGLEGUR
ATVINNA   FRAMFARIR
IÐNAÐUR   AUÐLINDIR
TEKJUR   ORÐSPOR
NÝJAR   ÁHÆTTA
FJÁRFESTING   ÞRÓUN
VIÐSKIPTI   EININGAR
MÖGULEIKA

6 - Aviones

```
S T E F N U H L E N D I N G
A R V N W A J Ö M Ð C Þ E D
L X É K P R H N N F Ö H Á Y
I W L A Z U F I V N F H Z S
T Ð L I S Ð M A M D U X Q Æ
Y R Á P D A W L R I G N B V
E R M F Þ M J G I Þ N Q Q I
N Y N M T G S I H L E N M N
S K R Ú F U R S M U J G J T
D Ó Ó M O L S A G A Þ I I Ý
L A J D L F Þ Z X T C C N R
E H T C D B H S M Í Ð I T I
R C S G Q S Æ C Þ Ð R R E Ð
W G W F U R Ð Ö L B R B V J
```

LOFT
HÆÐ
LENDING
STJÓRNMÁL
ÆVINTÝRI
HIMINN
ELDSNEYTI
SMÍÐI
STEFNU
HÖNNUN

BLÖÐRU
SKRÚFUR
VETNI
SAGA
VÉL
SIGLA
FARÞEGI
FLUGMAÐUR
ÁHÖFN
ÓKYRRÐ

7 - Tipos de Cabello

```
H  U  H  S  L  L  X  C  C  E  V  M  O  H
L  E  G  A  V  R  G  F  I  Ð  Þ  J  P  S
A  J  I  B  P  A  Þ  U  R  R  L  Ú  Ð  Þ
Y  H  Ó  L  K  P  R  H  U  Ö  A  K  A  X
F  Z  Þ  S  B  X  F  T  T  V  N  U  S  J
Q  Z  O  P  H  R  P  R  Í  S  G  R  H  Y
R  E  J  C  L  Æ  I  D  V  R  T  G  R  E
U  A  Þ  X  R  Á  R  G  H  Á  Þ  K  O  J
F  L  É  T  T  U  M  Ð  Ð  H  O  R  K  J
L  R  U  T  T  É  L  F  U  U  D  U  K  Þ
I  F  R  U  N  N  U  Þ  U  R  R  L  I  S
S  R  U  T  T  Ó  L  L  Ö  K  S  L  Ð  G
C  E  M  S  P  I  D  N  A  S  N  A  L  G
V  B  R  Ú  N  T  Þ  Y  K  K  U  R  Y  S
```

HVÍTUR	SVART
GLANSANDI	SILFUR
HÁRSVÖRÐ	HROKKIÐ
SKÖLLÓTTUR	KRULLA
STUTT	LJÓSHÆRÐUR
ÞUNNUR	HEILBRIGÐUR
GRÁR	ÞURR
ÞYKKUR	MJÚKUR
LANGT	FLÉTTUM
BRÚNT	FLÉTTUR

8 - Ciencia Ficción

```
G H Y A Y A H V B B U A F R
E A T T É R F É V L R R J A
U L L H I M F L T E M W A U
Q I D A T G R M Æ K W D R N
K E G U X H Á E K K X O L H
R J N P R Y B N N I U E Æ Æ
B Æ K U R K Æ N I N E M G F
Ú T Ó P Í A R I V G C E X T
Y D U L A R F U L L U R S V
L O T U K E R F I N U T K Z
S P R E N G I N G D P X B K
A A N R A J T S I K I E R R
A T B U R Ð A R Á S F H C R
Í M Y N D A Ð H E I M U R G
```

LOTUKERFINU   BÆKUR
FJARLÆG   DULARFULLUR
ATBURÐARÁS   HEIMUR
SPRENGING   VÉFRÉTT
EXTREME   REIKISTJARNA
FRÁBÆR   RAUNHÆFT
ELDUR   VÉLMENNI
GALAXY   TÆKNI
BLEKKING   ÚTÓPÍA
ÍMYNDAÐ

9 - Circo

```
R  D  Þ  T  S  T  D  Ð  J  Ð  G  A  S  T
U  O  V  S  K  E  M  M  T  A  A  P  K  Ö
R  I  Z  I  S  Ý  N  A  O  Z  L  I  R  F
Ð  D  B  L  T  H  Ó  A  W  V  D  M  Ú  R
Ö  R  R  N  T  T  J  T  R  F  U  N  Ð  A
L  U  A  Ó  P  I  L  A  I  Ð  R  I  G  M
B  Ð  G  T  X  S  V  B  D  G  P  B  A  A
D  Ú  Ð  K  Q  T  Þ  O  N  O  E  V  N  Ð
M  R  N  V  I  Þ  B  R  A  U  I  R  G  U
N  T  R  I  Þ  J  Ð  C  F  P  J  E  A  R
L  M  L  D  N  Ð  Y  A  R  T  V  L  Í  F
Þ  T  G  W  Ý  G  K  J  O  V  I  G  L  K
N  A  M  M  I  R  U  T  H  T  E  Ú  O  N
V  T  J  A  L  D  Q  R  Á  H  I  J  Z  R
```

ACROBAT	GALDUR
DÝR	TÖFRAMAÐUR
NAMMI	JÚGLER
TJALD	API
SKRÚÐGANGA	SÝNA
FÍL	TÓNLIST
SKEMMTA	TRÚÐUR
ÁHORFANDI	TIGER
BLÖÐRUR	BÚNINGUR
LJÓN	BRAGÐ

10 - Granja #1

```
Q  I  E  K  Á  Ð  J  H  C  Ð  I  K  L  H
B  Z  M  R  F  B  C  K  I  Þ  G  J  A  E
F  Þ  J  Á  N  K  U  V  A  T  N  Ú  N  S
Y  R  M  K  Þ  Ý  K  R  Ð  J  E  K  D  T
E  D  Æ  A  W  R  U  X  Ð  N  L  L  B  U
H  R  Í  S  G  R  J  Ó  N  U  X  I  Ú  R
U  X  B  H  N  U  Y  G  G  R  N  N  N  V
V  Þ  O  A  A  D  M  E  I  E  U  G  A  I
T  T  A  M  N  N  H  H  R  I  T  U  Ð  C
O  Z  Q  H  U  U  B  O  Ð  T  T  R  U  K
X  L  Ð  B  H  H  V  K  I  J  Ö  N  R  Þ
O  A  K  Á  L  F  U  R  N  D  K  G  D  P
I  N  S  A  P  L  E  R  G  M  B  T  V  Ð
F  D  Ð  H  Þ  F  V  F  W  Z  O  O  Q  T
```

BÍ

LANDBÚNAÐUR

VATN

HRÍSGRJÓN

ASNI

HESTUR

GEIT

ENGI

KRÁKA

ÁBURÐUR

KÖTTUR

HEY

HUNANG

HUNDUR

KJÚKLINGUR

FRÆ

KÁLFUR

LAND

KÝR

GIRÐING

11 - Camping

```
H  N  L  H  O  B  Æ  V  I  N  T  Ý  R  I
K  O  R  T  I  L  Ú  S  K  O  R  D  Ý  R
S  I  Q  K  Þ  L  G  N  U  T  Ý  B  Þ  Ð
L  T  Ð  U  N  A  K  L  A  A  D  K  H  Ð
R  C  Ö  J  M  J  N  G  M  Ð  F  W  E  B
E  B  D  Ð  D  F  N  F  D  I  U  V  N  Á
I  Þ  F  Y  U  Ó  N  A  K  E  E  R  G  T
P  Ð  B  V  E  V  S  Á  A  V  H  A  I  T
I  L  G  T  Y  I  A  W  T  G  W  K  R  A
E  J  Ð  F  H  Z  F  T  M  T  W  E  Ú  V
L  Ð  L  U  K  T  E  K  N  C  Ú  X  M  I
D  Y  H  S  W  B  L  T  R  É  Z  R  R  T
U  J  I  F  Ð  Z  K  M  D  T  Y  C  A  A
R  U  T  T  A  H  H  S  K  Ó  G  U  R  N
```

DÝR	ELDUR
ÆVINTÝRI	HENGIRÚM
TRÉ	SKORDÝR
SKÓGUR	STÖÐUVATN
ÁTTAVITA	LUKT
KLEFA	TUNGL
KANÓ	KORT
VEIÐA	FJALL
REIPI	NÁTTÚRAN
BÚNAÐUR	HATTUR

12 - Fruta

```
S  C  B  K  Í  V  Í  V  F  Y  O  K  S  Ð
Z  N  A  V  A  U  G  Í  B  W  N  Ó  B  S
I  E  N  J  Þ  V  O  N  X  N  X  K  J  H
J  K  A  F  K  F  K  B  P  S  Þ  O  B  I
Ó  G  N  A  M  S  A  E  E  Í  V  S  M  N
K  O  I  M  D  V  R  R  R  T  N  H  E  D
I  U  L  U  E  Z  E  E  A  R  E  N  P  B
R  A  Z  Ð  G  L  B  L  F  Ó  C  E  L  E
S  I  H  K  F  Q  Ó  D  A  N  T  T  I  R
U  A  N  A  N  A  S  N  Y  U  A  A  X  J
B  A  V  Ó  K  A  D  Ó  A  O  R  I  B  U
E  A  N  Í  S  L  E  P  P  A  I  U  U  M
R  D  D  K  O  N  J  M  A  D  N  W  O  W
V  I  A  S  Ó  K  Í  R  P  A  E  Þ  J  H
```

AVÓKADÓ	EPLI
APRÍKÓSA	FERSKJA
BER	MELÓNA
KIRSUBER	APPELSÍNA
KÓKOSHNETA	NECTARINE
HINDBERJUM	PAPAYA
GUAVA	PERA
KÍVÍ	ANANAS
SÍTRÓNU	BANANI
MANGÓ	VÍNBER

13 - Geología

```
E  S  L  R  C  S  H  R  F  S  Þ  S  Á  E
B  H  E  I  E  Ý  E  K  Q  A  R  V  L  L
M  Á  T  T  H  R  L  G  K  L  O  Æ  F  D
E  L  I  F  I  A  L  P  O  T  F  Ð  U  F
R  E  T  L  N  M  I  H  R  S  B  I  N  J
A  N  C  Á  F  T  G  R  R  P  H  R  N  A
L  D  A  J  E  L  L  A  R  Ó  K  V  I  L
L  I  L  K  N  D  E  U  L  U  T  M  E  L
A  Y  A  S  I  A  H  N  W  A  S  U  B  R
T  W  T  Ð  E  A  N  N  W  L  T  Í  F  V
S  X  S  R  T  Þ  Ð  I  L  A  G  S  G  K
I  Þ  P  A  S  R  Y  E  V  A  J  L  A  A
R  W  K  J  J  I  B  T  J  Q  I  A  H  E
K  V  A  R  S  M  F  S  N  H  K  K  W  M
```

SÝRA
KALSÍUM
LAG
HELLI
ÁLFUNNI
KÓRALL
KRISTALLAR
KVARS
ROF
STALACTITE

STALAGMITES
GOSHVER
HRAUN
HÁLENDI
STEINEFNI
STEINN
SALT
JARÐSKJÁLFTI
ELDFJALL
SVÆÐI

14 - Álgebra

```
O  J  P  V  P  D  V  A  N  D  A  M  Á  L
R  K  Q  I  K  L  Y  F  B  R  E  Y  T  A
M  A  G  N  Þ  I  A  D  L  A  F  N  I  E
V  N  E  Q  K  E  Þ  U  X  N  Ú  M  E  R
S  F  L  Þ  R  D  S  O  S  Ð  B  D  A  M
S  A  U  E  Ð  V  L  L  Ú  N  G  U  K  U
C  J  N  S  F  R  Á  D  R  Á  T  T  U  R
B  Ð  Í  B  V  H  Ð  V  C  T  M  F  N  D
R  Þ  L  Y  F  I  V  A  A  L  B  D  L  Y
O  E  W  A  G  E  G  O  Þ  Á  T  T  U  R
T  G  N  A  R  R  M  A  L  Ú  M  R  O  F
V  E  L  D  I  S  V  Í  S  I  R  R  C  A
S  K  Ý  R  I  N  G  A  R  M  Y  N  D  Ð
Ó  E  N  D  A  N  L  E  G  A  S  R  I  D
```

MAGN	ÓENDANLEGA
NÚLL	LÍNULEG
SKÝRINGARMYND	FYLKI
DEILD	NÚMER
JAFNA	SVIGA
VELDISVÍSIR	VANDAMÁL
ÞÁTTUR	FRÁDRÁTTUR
RANGT	EINFALDA
FORMÚLA	LAUSN
BROT	BREYTA

15 - Plantas

```
S M O T U M L G W S K T D W
W E R I F E I M U K A G R Y
D F K I V Y I J U Ó K A V É
F T K Y R X Ð T L G T R B B
R W F S R Q T G W U U Ð A X
Á B U R Ð U R R B R S U M S
J B A O P H U A U L S R B V
Þ I L P F K M S S Þ O L U C
B B E M X S X C H K M R S Y
W E D N L Ð A L B U N Ó R K
L D R F L O R A N J U T L Z
G R A S A F R Æ Ð I A X T B
G R Ó Ð U R W B L R B R K J
S X U P T W T K C Y Z Þ W W
```

BUSH	SM
TRÉ	BAUN
BAMBUS	IVY
BER	GRAS
SKÓGUR	LAUF
GRASAFRÆÐI	GARÐUR
KAKTUS	MOSS
ÁBURÐUR	KRÓNUBLAÐ
BLÓM	RÓT
FLORA	GRÓÐUR

16 - Suministros de Arte

```
L  P  K  Z  G  B  U  R  S  T  A  R  Þ  Q
W  A  Í  L  O  L  Ó  T  S  F  B  D  Q  T
M  S  S  H  T  A  Æ  E  E  I  V  O  O  Q
Á  T  R  I  T  I  L  S  N  T  A  V  R  H
L  E  S  K  Ö  P  U  N  L  Ý  R  K  A  Ð
N  L  G  X  S  A  B  N  T  A  V  X  T  P
I  L  S  T  R  O  K  L  E  Ð  U  R  N  A
N  I  L  E  I  R  K  P  E  M  W  Þ  A  P
G  T  X  O  X  H  T  Ð  O  E  M  A  Ý  P
U  I  I  L  Í  M  B  L  I  T  I  P  L  Í
B  R  I  D  N  Y  M  G  U  H  Q  Ð  B  R
T  L  E  F  M  Y  N  D  A  V  É  L  D  P
E  S  E  Z  Ð  L  D  N  R  G  Þ  Y  O  L
F  E  L  K  S  Q  X  Þ  V  Y  V  J  O  Þ
```

OLÍA	SKÖPUN
AKRÝL	HUGMYNDIR
VATNSLITIR	BLÝANTAR
VATN	BORÐ
LEIR	PAPPÍR
STROKLEÐUR	PASTELLITIR
GLÆSLA	LÍM
MYNDAVÉL	MÁLNINGU
BURSTAR	STÓL
LITI	BLEK

17 - Negocio

```
V P K U J Ð I M S K R E V Ð
I Ð Æ R F G A H Ð K J G I O
N V A R N I N G I H O U Ð F
N F J Á R F E S T I N G S H
U M Y N T P J J T J M H K C
V B I I H H E E W S B X I L
E M Ú R U Ð A N T S O K P S
I S X Ð P I F M I W K M T K
T Ö N C Z U R N H N J Q I A
A L Q X F E A T G O G H T T
N U U R U T T Á L S F A Þ T
D S K R I F S T O F A X R A
I W N F E R I L Þ B W C D R
B W E C A F J Á R M Á L I C
```

FERIL
KOSTNAÐUR
AFSLÁTTUR
PENINGAR
HAGFRÆÐI
VINNUVEITANDI
VERKSMIÐJU
FJÁRMÁL
SKATTAR

FJÁRFESTING
VARNINGI
MYNT
SKRIFSTOFA
BÚÐ
STARF
VIÐSKIPTI
SÖLU

18 - Jardín

```
S H E N G I R Ú M Ó L B S R
D L I L L G R E S I L K T R
W Þ Ö G I R Ð I N G P B E U
C Q O N Í L Ó P M A R T I Ð
L X M H G S T U B C Q G N R
H Q Z G U U L E E U J R A A
C L B Z A P N N K B S A R G
K D I Ð F R M A K O M S W N
I D D G Í Þ Ð C U F B F T I
F E N W R Q K U R I N L D D
T R É Ö H C U H R Y K Ö S L
Q E K X R Ú K S L Í B T X A
J A R Ð V E G U R T J Ö R N
P U A V K M V B S Z M D D C
```

BUSH	GARÐUR
TRÉ	ILLGRESI
BEKKUR	SLÖNGUNA
GRASFLÖT	MOKA
TJÖRN	HRÍFA
BLÓM	STEINAR
BÍLSKÚR	JARÐVEGUR
HENGIRÚM	VERÖND
GRAS	TRAMPÓLÍN
ALDINGARÐUR	GIRÐING

19 - Países #2

```
L A O S E Þ Í Ó P Í A A P G
X X O V C Q S Ð X H Í U O R
T K Ð W B W Ý G V X S S R I
J Q A N Í A R K Ú F E T T K
V N Y J Q Í L Í R R N U Ú K
Á J A P A N A R Ú A Ó R G L
P S J D Þ A N L S K D R A A
I A T A R B D A S K N Í L N
F C K R M L N N L L I K Ú D
P U T I A A Y D A A P I G T
F U I H S L Í O N N V Q A W
S Ú D A N T Í K D D G M N L
M E X Í K Ó A A A Z T Y D W
D A N M Ö R K N I J P Ð A G
```

ALBANÍA	JAPAN
ÁSTRALÍA	LAOS
AUSTURRÍKI	MEXÍKÓ
DANMÖRK	PAKISTAN
EÞÍÓPÍA	PORTÚGAL
FRAKKLAND	RÚSSLAND
GRIKKLAND	SÝRLAND
INDÓNESÍA	SÚDAN
ÍRLAND	ÚKRAÍNA
JAMAÍKA	ÚGANDA

20 - Números

```
Q  Z  H  O  T  S  P  R  S  J  I  J  T  R
Ð  N  Y  U  U  A  P  K  E  T  Ó  L  F  L
E  Í  Q  A  T  U  F  Q  X  J  T  O  H  Ð
A  U  Í  T  T  I  F  T  N  Ú  L  L  Y
V  U  F  T  U  J  M  I  Á  E  E  E  H  I
Þ  S  K  Á  G  Á  M  M  N  R  R  Y  J  G
X  R  J  A  U  N  T  M  Z  J  A  O  V  U
Y  I  Í  Ö  S  Á  Á  Q  S  A  A  G  B  M
R  R  O  R  Þ  T  N  Á  T  R  Ó  J  F  T
Z  Ó  L  I  R  T  A  N  Í  T  J  Á  N  Á
I  J  G  E  X  E  S  F  P  C  C  P  T  T
S  F  L  V  R  R  Q  W  S  Q  P  Q  M  J
O  O  F  T  P  Þ  G  M  I  B  Y  V  Z  Á
A  M  H  J  V  B  W  P  U  W  N  Q  H  N
```

FJÓRTÁN	TÓLF
NÚLL	TVEIR
FIMM	NÍU
FJÓRIR	ÁTTA
AUKASTAF	FIMMTÁN
NÍTJÁN	SEX
ÁTJÁN	SJÖ
SEXTÁN	ÞRETTÁN
SAUTJÁN	ÞRÍR
TÍU	TUTTUGU

21 - Física

```
P  X  T  A  F  S  T  Æ  Ð  I  H  P  R  N
W  D  Í  K  J  A  R  N  O  R  K  U  A  X
I  A  Ð  I  L  H  L  A  Ð  A  R  H  F  Þ
S  Q  N  W  N  Y  Ð  J  N  L  E  W  E  Y
S  E  I  K  I  E  L  T  T  É  Þ  Ö  I  N
E  V  G  V  É  L  F  R  Æ  Ð  I  G  N  G
M  Y  É  U  D  H  T  T  E  W  N  N  D  D
Z  B  R  L  L  I  V  E  L  J  F  X  S  A
G  X  V  T  H  M  U  C  P  Þ  E  R  U  R
M  G  T  E  A  I  A  L  Ú  M  R  O  F  A
G  K  I  L  F  I  Ð  G  B  N  N  E  O  F
C  Y  F  G  M  H  O  Þ  N  Y  F  E  B  L
A  T  Ó  M  A  T  R  H  R  Ö  Ð  U  N  X
L  S  D  Ð  E  S  S  A  M  E  I  N  D  U
```

HRÖÐUN	MESSI
ATÓM	VÉLFRÆÐI
ROÐA	SAMEIND
ÞÉTTLEIKI	VÉL
RAFEIND	KJARNORKU
FORMÚLA	ÖGN
TÍÐNI	EFNI
GAS	AFSTÆÐI
ÞYNGDARAFL	ALHLIÐA
SEGULMAGN	HRAÐA

22 - Belleza

```
S  P  S  F  G  L  Æ  S  I  L  E  G  U  R
O  F  J  L  A  L  L  I  E  H  N  A  B  D
Q  H  A  J  W  R  U  T  I  L  A  R  A  V
D  N  M  Ó  S  U  Ð  L  I  T  U  R  S  G
Z  J  P  S  N  Í  K  I  R  Æ  K  S  T  L
H  Ð  Ó  M  Y  L  I  Z  D  Z  R  Y  Í  Æ
S  Ú  H  Y  R  O  P  X  K  J  U  Z  L  S
P  I  Ð  N  T  D  X  D  D  G  L  Z  I  I
E  L  Z  D  I  A  C  W  N  J  L  B  S  L
G  M  W  I  V  Z  W  V  Ð  Ð  A  E  T  E
I  U  W  N  Ö  M  A  S  K  A  R  A  I  I
L  R  W  B  R  Þ  J  Ó  N  U  S  T  A  K
L  C  D  V  U  N  Á  Ð  H  M  I  Z  Z  I
L  W  E  E  R  Y  S  W  H  S  T  P  M  N
```

OLÍUR	LJÓSMYNDIN
LYKT	ILMUR
SJAMPÓ	NÁÐ
LITUR	FARÐI
SNYRTIVÖRUR	HÚÐ
GLÆSILEIKI	VARALITUR
GLÆSILEGUR	KRULLA
HEILLA	MASKARA
SPEGILL	ÞJÓNUSTA
STÍLISTI	SKÆRI

23 - Países #1

```
Þ  N  Í  K  A  R  A  G  V  A  M  O  E  I
C  Ý  Í  T  A  L  Í  A  Q  P  B  V  K  N
P  Ð  S  A  R  Ú  D  N  O  H  K  E  V  D
K  A  S  K  A  N  Í  T  N  E  G  R  A  L
G  Ý  N  M  A  Í  L  I  S  A  R  B  D  A
D  B  Z  A  W  L  Y  B  B  Í  I  Y  O  N
W  Í  L  A  M  M  A  N  F  G  U  Ð  R  D
D  L  Y  S  Þ  A  D  N  A  L  N  N  I  F
N  O  R  E  G  U  R  Á  D  E  V  B  S  G
A  I  J  H  G  S  D  P  A  B  I  Z  G  G
L  Z  O  I  P  X  U  S  N  E  R  Z  V  P
L  O  C  L  J  I  L  M  A  R  O  K  K  Ó
Ó  D  O  M  E  E  V  Z  K  E  J  G  M  K
P  A  Þ  E  G  Y  P  T  A  L  A  N  D  R
```

ÞÝSKALAND	INDLAND
ARGENTÍNA	ÍTALÍA
BELGÍA	LÍBÝA
BRASILÍA	MALÍ
KANADA	MAROKKÓ
EKVADOR	NÍKARAGVA
EGYPTALAND	NOREGUR
SPÁNN	PANAMA
FINNLAND	PÓLLAND
HONDÚRAS	

24 - Mitología

```
R  F  D  H  Ö  R  M  U  N  G  U  H  V  H
F  Þ  A  P  O  P  Ö  L  B  Z  V  E  I  I
E  A  U  E  Y  A  F  W  N  B  C  G  Ð  M
O  D  Ð  L  Y  R  U  M  U  R  Þ  Ð  H  N
I  G  L  D  S  Z  N  C  P  Q  J  U  O  A
I  T  E  I  J  Y  D  Q  Ö  M  G  N  R  R
L  M  G  N  S  T  Y  R  K  U  R  M  F  Í
S  H  E  G  Þ  J  Ó  Ð  S  A  G  A  T  K
M  K  E  N  H  H  U  Z  Þ  K  E  V  Q  I
Í  H  E  T  N  S  P  K  F  T  G  D  U  F
R  E  S  P  J  I  A  R  K  E  T  Y  P  E
K  F  Y  R  N  A  N  T  Þ  X  C  D  A  L
S  N  H  R  Z  A  Þ  G  J  K  L  M  Ð  X
P  D  D  S  T  R  Í  Ð  S  M  A  Ð  U  R
```

ARKETYPE	STYRKUR
ÖFUND	STRÍÐSMAÐUR
HIMNARÍKI	HETJA
HEGÐUN	ÞJÓÐSAGA
SKÖPUN	SKRÍMSLI
VIÐHORF	DAUÐLEG
SKEPNA	ELDING
MENNING	ÞRUMUR
HÖRMUNG	HEFND

25 - Casa

```
Þ Y S Y S C K L N N I R A S
C S P R V U O G N X J V F S
K S E L E G N F A S A K Ó B
Ú T G A F I M G R R K Y Q E
S U I M N B X Þ B H Ð S R T
T R L P H G Í D N U V U I V
U T L I E L I L U R L B R H
R U Ð M R U Ð P S Ð O F A Æ
R C E U B G P J L K Ð B L Ð
Þ A K H E G C U V P Ú G L A
B Z B A R I U S O X T R A H
K P Ð F G G E V K C A W J X
D L U N I T F O L A Á H K K
G I R Ð I N G E L D H Ú S O
```

HÁALOFTINU	GARÐUR
BÓKASAFN	LAMPI
ARINN	VEGG
ELDHÚS	HÆÐ
SVEFNHERBERGI	HURÐ
STURTU	KJALLARI
KÚSTUR	ÞAK
SPEGILL	GIRÐING
BÍLSKÚR	GLUGGI
BRANN	

26 - Artes Visuales

```
M H M K B T F X Ð S G S L A
E Ö Ð Á R Q V K K K L J I R
I G A Z L Í E H U R Æ Ó S K
S G O C Þ V T Ð Þ Á S N T I
T M K A G V E V X N L A A T
A Y C M J E K R K I A R M E
R N V A X M E I K N Y H A K
A D P N V M R E J G A O Ð T
V L F T Q A A L X U T R U Ú
E Ð A D N Y M K I V K N R R
R O M K M F I S D Y U I Y S
K F U X K H K P O R T R E T
H G B O B L Ý A N T U R Z W
L J Ó S M Y N D H P E N N I
```

LEIR
ARKITEKTÚR
LISTAMAÐUR
LAKK
GLÆSLA
VAX
KERAMIK
SKRÁNINGU
HÖGGMYND

LJÓSMYND
BLÝANTUR
MEISTARAVERK
KVIKMYND
SJÓNARHORNI
MÁLVERK
PENNI
PORTRET
KRÍT

27 - Salud y Bienestar #2

```
K  S  N  V  R  N  I  P  V  S  L  V  T  X
T  G  J  J  S  U  Q  J  Í  T  Í  C  S  T
M  B  J  Ú  R  D  G  J  T  R  F  G  J  H
M  E  S  N  K  D  Ð  E  A  E  F  R  Ú  R
D  X  L  X  M  R  P  E  M  I  Æ  Ð  K  E
C  A  Þ  T  K  S  A  C  Í  T  R  I  D  I
Q  N  U  T  I  M  S  H  N  U  A  O  Ó  N
Ð  A  D  D  G  N  Y  Þ  Ú  F  F  F  M  L
G  Í  O  R  K  A  G  L  D  S  R  N  U  Æ
E  R  F  Ð  A  F  R  Æ  Ð  I  Æ  Æ  R  T
P  O  C  V  Ó  W  T  Q  U  U  Ð  M  Y  I
C  L  H  P  K  L  M  M  Þ  C  I  I  O  Y
W  A  T  A  B  Z  B  N  Æ  R  I  N  G  Q
V  K  M  A  T  A  R  L  Y  S  T  K  U  P
```

OFNÆMI	HREINLÆTI
LÍFFÆRAFRÆÐI	SJÚKRAHÚS
MATARLYST	SMITUN
KALORÍA	NUDD
MELTING	NÆRING
ORKA	ÞYNGD
SJÚKDÓMUR	BATA
STREITU	BLÓÐ
ERFÐAFRÆÐI	VÍTAMÍN

28 - Selva Tropical

```
E  Ð  B  C  U  L  S  I  E  V  Ð  R  A  V
G  N  I  Ð  R  I  V  G  H  Z  M  O  S  S
S  I  D  Q  Ý  F  Ð  F  Y  Þ  K  I  H  S
L  N  N  U  D  U  U  X  U  T  V  Y  Y  P
X  T  U  R  R  N  W  G  F  G  H  W  V  E
U  Y  G  U  O  R  O  R  I  L  L  R  L  N
F  E  E  G  K  P  E  Z  V  A  N  A  J  D
R  R  T  Ó  S  B  U  I  Y  C  Á  F  R  Ý
A  B  O  K  R  F  G  J  S  I  T  R  B  R
V  L  A  S  P  C  R  G  N  N  T  U  P  U
H  Ö  X  M  K  I  H  X  A  A  Ú  Ð  Q  V
T  J  V  U  S  D  A  S  L  T  R  E  F  Y
A  F  E  R  H  L  Ý  K  S  O  A  V  H  R
Y  D  S  F  Q  Ð  P  R  O  B  N  E  P  R
```

FROSKDÝR	SKÝ
BOTANICAL	FUGLAR
VEÐURFAR	VARÐVEISLU
FJÖLBREYTNI	ATHVARF
TEGUND	VIRÐING
SKORDÝR	ENDURREISN
SPENDÝR	FRUMSKÓGUR
MOSS	LIFUN
NÁTTÚRAN	

29 - Colores

```
B  C  F  U  C  H  S  I  A  L  Ó  J  F  M
G  L  V  T  H  V  Í  T  U  R  Y  L  E  A
S  E  Á  N  B  L  Á  R  Ð  L  O  N  E  G
J  Þ  Ð  G  A  P  P  E  L  S  Í  N  A  E
X  B  Z  U  R  Á  L  B  U  L  Ó  J  F  N
I  K  Ð  D  V  Æ  D  I  X  V  G  C  J  T
R  A  U  Ð  U  R  N  E  D  P  B  Y  S  A
A  F  T  U  R  K  N  N  G  Z  Ð  J  Y  X
G  R  E  U  J  E  C  O  G  I  D  N  I  S
U  N  S  Þ  J  L  Q  Q  T  K  E  L  Q  E
L  D  S  S  V  A  R  T  N  Ú  R  B  G  P
U  K  P  F  Y  P  F  D  Æ  N  B  Þ  R  I
R  U  K  I  E  L  B  U  R  Z  M  X  Á  A
L  H  M  P  X  O  S  N  G  H  M  L  R  T
```

GULUR	BRÚNT
BLÁR	APPELSÍNA
AFTUR	SVART
BEIGE	FJÓLUBLÁR
HVÍTUR	RAUÐUR
BLÁGRÆNN	BLEIKUR
FUCHSIA	SEPIA
GRÁR	GRÆNT
INDIGO	FJÓLA
MAGENTA	

30 - Adjetivos #1

```
A  Þ  U  N  G  T  K  Y  T  A  B  K  P  I
S  Ð  X  D  N  N  I  M  O  K  L  L  U  F
N  A  L  K  Z  F  S  T  Ó  R  M  G  D  Y
Ú  Y  K  A  F  M  C  Z  B  U  E  Ö  E  B
T  Ð  R  L  Ð  M  O  G  R  G  T  R  A  R
Í  M  Þ  G  A  A  K  Y  U  N  N  L  L  Ó
M  Y  D  X  K  U  N  I  K  U  A  Á  V  T
A  R  E  A  X  B  S  D  R  A  Ð  T  A  S
D  K  H  C  A  A  I  N  I  W  A  U  R  R
H  U  Æ  C  X  Q  Q  A  V  T  R  R  L  A
H  R  G  X  J  R  H  M  C  S  L  X  E  Ð
W  G  T  R  Ö  J  B  L  Z  S  E  Þ  G  Í
C  F  K  L  K  A  Þ  I  Q  I  G  D  T  R
M  I  K  I  L  V  Æ  G  T  R  T  D  S  G
```

ALGER	MIKILVÆGT
VIRKUR	SAKLAUS
METNAÐARLEGT	UNGUR
ILMANDI	HÆGT
AÐLAÐANDI	NÚTÍMA
BJÖRT	MYRKUR
GRÍÐARSTÓR	FULLKOMINN
ÖRLÁTUR	ÞUNGT
STÓR	ALVARLEGT

31 - Familia

```
L  M  B  A  R  N  H  Q  S  E  B  C  Ð  K
F  L  Ó  Z  O  R  C  R  F  I  A  N  S  B
B  O  I  Ð  M  Ö  Ð  F  E  G  R  B  Y  R
R  Ð  Þ  D  U  B  I  V  H  I  N  A  S  Ó
I  N  G  A  R  R  D  F  N  N  A  R  T  Ð
T  F  A  Ð  I  R  N  J  A  M  B  N  I  I
T  E  G  Y  F  M  Æ  F  A  A  A  Æ  R  R
Ó  T  V  Í  B  U  R  A  R  Ð  R  S  G  W
D  H  G  H  A  V  F  K  Q  U  N  K  J  E
E  I  G  I  N  K  O  N  A  R  W  A  D  T
A  M  M  A  I  H  N  M  Ó  Ð  I  R  C  S
F  P  N  N  T  I  X  Æ  C  W  D  N  D  J
T  Þ  Z  X  T  C  U  X  R  C  F  J  E  S
F  O  R  F  A  Ð  I  R  R  F  R  Z  Z  N
```

AMMA
AFI
FORFAÐIR
EIGINKONA
TVÍBURAR
SYSTIR
BRÓÐIR
DÓTTIR
BARNÆSKA
MÓÐIR

EIGINMAÐUR
MÓÐUR
BARNABARN
BARN
BÖRN
FAÐIR
INGAR
FRÆNDI
FRÆNKA

32 - Disciplinas Científicas

```
T  L  Y  R  I  D  N  I  S  Í  V  L  Á  M
F  A  Í  Þ  H  G  T  A  C  E  I  I  K  Þ
V  É  U  F  I  Ð  Æ  R  F  A  S  A  R  G
A  N  L  G  E  G  X  F  E  J  T  U  C  H
R  Æ  A  A  A  Ð  I  Ð  Æ  R  F  L  É  V
M  R  M  R  G  F  L  T  R  V  R  J  K  I
A  I  U  V  Þ  S  R  I  T  B  Æ  U  Y  Z
F  N  O  C  F  Ð  F  Æ  S  R  Ð  Ð  P  M
R  G  D  N  R  J  I  R  Ð  F  I  C  F  P
Æ  Z  S  J  V  L  A  L  Æ  I  R  Z  N  X
Ð  L  Í  F  F  R  Æ  Ð  I  Ð  P  Æ  V  H
I  Ð  Æ  R  F  A  N  F  E  G  I  O  Ð  J
Ó  N  Æ  M  I  S  F  R  Æ  Ð  I  R  E  I
L  Í  F  E  F  N  A  F  R  Æ  Ð  I  H  B
```

LÍFFRÆÐI	VÉLFRÆÐI
LÍFEFNAFRÆÐI	TAUGAFRÆÐI
GRASAFRÆÐI	NÆRING
VISTFRÆÐI	EFNAFRÆÐI
LÍFEÐLISFRÆÐI	FÉLAGSFRÆÐI
ÓNÆMISFRÆÐI	VARMAFRÆÐI
MÁLVÍSINDI	

33 - Cocina

```
U A K S O S X Ð L B O E K Í
P Ð P K F K E A E I S Þ W S
P B A Á N R L R U P M A V S
S O M L X O H C V E C A T K
K R I L T F Y K C Í S T Q Á
R Ð T I Z T W E Q X E I N P
I A C R Y W M T U J Q T M U
F K Y G I V F I W Ð Ð S T R
T D D Y R K B L H W W Y A A
Þ Y A S U A Þ L J N T R K L
D X L G K Ö N N U V Í F H L
S K E I Ð A R N P T Z F O O
M A T U R W W Ð I I A F A B
S V U N T U R V X P S G W Q
```

KETILL	OFN
AÐ BORÐA	KÖNNU
MATUR	PINNAR
FRYSTI	GRILL
SKEIÐAR	UPPSKRIFT
AUSA	ÍSSKÁPUR
HNÍFA	SERVÍETTA
SVUNTU	BOLLA
KRYDD	SKÁL
SVAMPUR	FORKS

34 - Moda

```
M  H  T  H  V  Z  C  M  B  Ð  O  X  P  K
Æ  Ó  G  N  V  X  T  L  A  F  N  I  E  M
L  G  E  A  E  F  N  I  Æ  G  Z  V  R  W
I  V  L  P  M  J  T  Ý  N  G  A  H  J  S
N  Æ  N  P  J  P  G  G  C  D  S  Z  J  O
G  R  I  A  M  I  E  R  Ð  A  N  T  A  F
A  B  G  L  Æ  S  I  L  E  G  U  R  U  I
R  O  I  A  V  A  M  Í  T  Ú  N  U  U  R
C  U  R  R  K  R  U  T  S  N  Y  M  C  N
E  T  O  D  G  C  M  S  B  Y  B  U  L  G
D  I  Y  Ý  A  N  F  E  T  S  Y  A  B  J
O  Q  M  R  H  Á  F  E  R  Ð  A  S  K  G
B  U  N  O  T  M  M  X  S  A  Z  T  G  B
P  E  C  N  Q  U  S  X  D  C  S  Ú  N  V
```

HAGKVÆM	NÚTÍMA
ÚTSAUMUR	HÓGVÆR
HNAPPA	ORIGINLEGT
BOUTIQUE	MYNSTUR
DÝR	HAGNÝT
GLÆSILEGUR	FATNAÐ
REIMA	EINFALT
STÍL	EFNI
MÆLINGAR	STEFNA
LÆGSTUR	ÁFERÐ

35 - Electricidad

```
Q  R  Í  V  M  P  U  M  J  P  Z  W  I  S
W  A  K  J  I  P  M  A  L  E  B  A  K  J
I  F  J  Á  K  V  Æ  T  T  R  D  Ð  R  Ó
G  A  I  M  Í  S  Q  A  R  U  Z  A  I  N
X  L  X  P  A  H  T  R  Þ  E  W  L  V  V
N  L  R  N  B  G  E  J  O  M  G  H  F  A
T  X  U  A  L  Z  N  L  Q  L  O  F  A  R
C  G  Ð  T  F  E  Þ  O  B  V  N  A  R  P
U  G  A  L  S  M  Y  E  G  Q  N  R  Þ  I
B  L  N  A  W  Ð  A  S  U  N  Í  M  D  I
O  T  Ú  P  E  X  S  G  I  T  U  L  H  J
P  W  B  O  N  S  I  Z  N  R  N  T  M  Q
I  N  N  S  T  U  N  G  A  S  Y  W  Z  G
T  E  S  E  G  U  L  L  U  U  L  D  E  F
```

GEYMSLA	RAFALL
RAFHLAÐA	SEGULL
PERU	LAMPI
KABEL	LEYSIR
VÍR	MÍNUS
MAGN	HLUTI
RAFVIRKI	JÁKVÆTT
RAFMAGNS	NET
INNSTUNGA	SJÓNVARP
BÚNAÐUR	SÍMI

36 - Salud y Bienestar #1

```
W  A  N  V  L  H  O  R  M  Ó  N  R  F  G
G  U  U  Q  E  Æ  C  W  L  Y  M  Z  Æ  X
E  D  K  F  P  N  K  E  I  D  M  B  Ð  R
V  V  Ö  Ð  V  A  J  N  I  E  B  H  U  J
I  T  L  E  S  U  T  A  I  C  J  Ú  B  M
Ð  F  S  B  D  S  G  A  M  R  Y  Ð  Ó  E
B  H  U  N  G  U  R  U  U  N  Y  U  T  Ð
R  W  Q  T  U  K  F  Y  L  G  W  Ð  A  F
A  R  I  E  V  H  Æ  Ð  S  R  A  V  R  E
G  V  I  R  K  U  R  N  Ð  P  S  R  E  R
Ð  T  Z  T  O  R  B  N  I  E  B  Y  F  Ð
A  P  Ó  T  E  K  L  V  E  E  M  Ð  N  H
J  R  A  Q  Y  G  M  O  M  X  V  L  I  B
B  A  K  T  E  R  Í  U  R  D  L  D  G  D
```

VIRKUR   MEIÐSLUM
HÆÐ   LYF
BAKTERÍUR   VÖÐVA
LÆKNIR   TAUGAR
APÓTEK   HÚÐ
BEINBROT   VIÐBRAGÐ
HUNGUR   SLÖKUN
VENJA   FÆÐUBÓTAREFNI
HORMÓN   MEÐFERÐ
BEIN   VEIRA

37 - Adjetivos #2

```
N  A  Y  F  R  A  L  N  A  S  L  A  Á  R
A  Á  V  I  R  U  T  Æ  O  A  Ý  F  H  Y
K  G  T  X  U  Æ  T  Z  C  L  S  K  U  V
R  L  G  T  Þ  D  G  T  S  A  A  G  Z
E  Æ  E  M  Ú  T  P  U  T  U  N  S  A  B
T  S  L  F  S  R  Z  O  R  R  D  T  V  Þ
S  I  I  E  D  U  U  D  N  Þ  I  A  E  Þ
Þ  L  L  R  B  T  P  L  L  V  O  M  R  R
Ð  E  Ð  S  F  L  R  D  E  P  F  I  T  E
M  G  E  K  H  O  G  Þ  Q  G  I  K  Q  Y
P  U  Ð  U  O  T  R  Q  N  R  T  I  Þ  T
F  R  A  R  Ð  S  A  Y  M  Ý  D  L  K  T
D  R  A  M  A  T  Í  S  K  S  T  L  J  U
Á  B  Y  R  G  U  R  U  K  R  E  T  S  R
```

ÞREYTTUR	NÁTTÚRULEGT
ÆTUR	EÐLILEGT
LÝSANDI	NÝTT
DRAMATÍSK	STOLTUR
GLÆSILEGUR	STERKAN
FRÆGUR	AFKASTAMIKILL
FERSKUR	ÁBYRGUR
STERKUR	SALTUR
ÁHUGAVERT	ÞURR

38 - Cuerpo Humano

```
F  H  Ö  N  D  Ö  O  E  Q  Q  C  A  Z  G
A  I  É  X  F  W  X  S  S  E  V  U  X  P
R  U  N  N  U  M  I  L  I  E  H  G  Q  W
Y  J  H  G  L  M  B  Á  N  K  F  A  N  B
E  F  I  V  U  W  O  H  H  X  D  T  N  I
T  Ð  Ó  L  B  R  L  P  Ö  Z  S  R  U  T
O  Ú  T  T  V  C  N  Q  K  Z  C  A  H  G
E  H  Þ  I  U  Þ  B  C  U  P  Q  J  Þ  F
T  Ð  B  L  K  R  O  Q  G  C  X  H  L  E
Ð  X  N  D  Þ  D  G  H  Ö  F  U  Ð  E  V
Þ  N  Þ  N  A  J  A  G  N  U  T  P  Ð  E
S  F  J  A  N  E  F  Ö  K  K  L  A  R  G
S  N  D  I  B  J  C  R  C  F  K  V  H  F
U  Y  H  U  Ð  H  X  W  Þ  Z  E  W  G  S
```

HÖKU	TUNGA
MUNNUR	HÖND
HÖFUÐ	NEF
ANDLIT	AUGA
HEILI	EYRA
OLNBOGA	HÚÐ
HJARTA	FÓTUR
HÁLS	HNÉ
FINGUR	BLÓÐ
ÖXL	ÖKKLA

39 - Restaurante #2

```
S  Q  T  B  H  I  O  U  F  G  E  L  C  X
V  Ú  N  U  Á  J  V  W  N  N  Ó  J  Þ  M
F  A  P  F  D  D  Y  R  K  Ð  A  Ú  Ð  S
X  T  T  A  E  G  A  F  F  A  L  F  M  X
V  A  L  N  G  F  I  S  K  U  R  F  Ð  P
V  L  Ó  A  I  S  Þ  P  Ð  Þ  H  E  J  I
M  A  T  K  S  Í  Q  N  D  F  B  N  W  T
Ð  S  S  A  V  S  C  O  A  L  X  G  G  E
W  K  K  K  E  Þ  U  Þ  W  F  Z  U  U  M
M  C  E  M  R  U  K  K  Y  R  D  R  K  N
D  E  L  Y  Ð  I  E  K  S  P  Z  Þ  L  Æ
X  F  L  R  U  T  X  Ö  V  Á  G  G  C  R
W  T  Z  T  R  U  T  T  É  R  R  O  F  G
T  K  V  Ö  L  D  M  A  T  U  R  G  Y  G
```

VATN	ÁVÖXTUR
HÁDEGISVERÐUR	ÍS
FORRÉTTUR	EGG
DRYKKUR	KAKA
ÞJÓNN	FISKUR
KVÖLDMATUR	SALT
SKEIÐ	STÓL
LJÚFFENGUR	SÚPA
SALAT	GAFFAL
KRYDD	GRÆNMETI

40 - Profesiones #1

```
S  A  Y  D  V  F  I  K  R  I  V  L  É  V
J  I  R  Ó  J  T  S  T  I  R  Ð  V  S  Í
Ó  G  N  N  I  R  A  S  N  A  D  U  D  S
M  I  R  Ó  J  T  S  A  K  N  A  B  Y  I
A  L  I  R  E  K  S  Ð  Æ  L  K  N  X  N
Ð  R  U  Ð  A  M  G  Ö  L  C  T  Z  A  D
U  C  V  E  I  Ð  I  M  A  Ð  U  R  S  A
R  Í  Þ  R  Ó  T  T  A  M  A  Ð  U  R  M
P  Í  A  N  Ó  L  E  I  K  A  R  I  K  A
S  Á  L  F  R  Æ  Ð  I  N  G  U  R  B  Ð
O  Þ  J  Á  L  F  A  R  I  P  X  G  Y  U
E  N  D  U  R  S  K  O  Ð  A  N  D  I  R
L  I  S  T  A  M  A  Ð  U  R  Z  M  W  U
S  K  A  R  T  G  R  I  P  I  R  E  W  D
```

LÖGMAÐUR	RITSTJÓRI
LISTAMAÐUR	ÞJÁLFARI
ÍÞRÓTTAMAÐUR	SKARTGRIPIR
DANSARI	SJÓMAÐUR
BANKASTJÓRI	VÉLVIRKI
VEIÐIMAÐUR	PÍANÓLEIKARI
VÍSINDAMAÐUR	SÁLFRÆÐINGUR
ENDURSKOÐANDI	KLÆÐSKERI
LÆKNIR	

41 - Vehículos

```
L  D  Q  K  Z  K  K  E  D  N  R  B  Ð  S
É  K  Y  M  O  A  A  L  T  U  K  S  C  J
V  X  C  R  G  Y  S  F  F  L  E  K  I  Ú
R  R  X  M  B  L  L  Í  B  U  R  Ö  V  K
A  Ú  E  F  Í  R  Þ  P  M  Á  H  O  V  R
T  M  T  O  L  E  F  Y  G  V  T  Ð  L  A
T  F  S  U  L  I  L  F  R  B  G  U  X  B
Á  Q  E  S  Z  Ð  U  A  U  L  U  G  R  Í
R  K  L  Ð  Ð  H  G  D  T  G  A  K  O  L
D  V  A  N  Y  J  V  O  Á  I  L  Z  T  L
U  L  J  B  E  Ó  É  D  B  P  F  M  Ó  S
K  T  R  Y  Ð  L  L  A  Y  E  D  T  M  H
B  B  E  G  U  C  I  S  Ý  H  L  Ó  J  H
I  O  F  L  T  A  X  I  D  R  E  W  J  Q
```

SJÚKRABÍLL	FERJA
RÚTU	VAN
FLUGVÉL	ÞYRLA
FLEKI	SKUTLA
BÁTUR	MÓTOR
REIÐHJÓL	DEKK
VÖRUBÍLL	KAFBÁTUR
HJÓLHÝSI	TAXI
BÍLL	DRÁTTARVÉL
ELDFLAUG	LEST

42 - Geometría

```
Þ  K  L  B  V  C  O  F  P  N  R  O  H  Þ
V  E  Ó  C  Y  I  S  S  E  M  J  N  L  R
E  N  Ð  G  Z  B  T  T  É  R  Á  L  U  Í
R  N  R  Q  H  B  G  G  J  Z  I  U  T  H
M  I  É  I  D  L  I  G  Ð  I  M  L  I  Y
Á  N  T  N  Þ  K  U  N  H  Æ  Ð  T  L  R
L  G  T  R  I  U  X  T  Ú  Í  Þ  P  R  N
Y  F  I  R  B  O  R  Ð  F  M  B  V  Ö  I
S  A  M  H  V  E  R  F  U  A  E  G  K  N
G  N  I  N  K  I  E  R  T  Ú  L  R  F  G
P  F  V  Í  D  D  N  I  B  G  Q  L  R  U
T  A  S  A  M  H  L  I  Ð  A  I  N  Æ  R
J  J  E  K  Y  G  Y  G  S  K  F  A  Ð  I
N  U  X  O  Þ  I  I  L  S  S  O  Z  I  J
```

HÆÐ	MIÐGILDI
HORN	NÚMER
ÚTREIKNING	SAMHLIÐA
FERILL	HLUTFALL
ÞVERMÁL	HLUTI
VÍDD	SAMHVERFU
JAFNA	YFIRBORÐ
LÁRÉTT	KENNING
RÖKFRÆÐI	ÞRÍHYRNINGUR
MESSI	LÓÐRÉTT

43 - Matemáticas

```
A  B  Q  S  Þ  W  L  Ð  J  U  A  R  Þ  Þ
U  I  L  A  F  V  G  N  F  Q  P  Ú  X  X
K  N  M  M  U  E  E  O  C  L  Á  M  M  U
A  D  Ð  H  B  X  R  P  F  L  F  Þ  D
S  I  L  L  E  R  O  N  M  H  R  R  N  Ð
T  B  J  I  V  E  O  S  I  Á  Y  Æ  G  I
A  R  A  Ð  A  J  Þ  T  L  N  L  Ð  J  R
F  O  G  A  L  Ú  K  O  Q  Z  G  I  H  A
G  N  I  N  R  Y  H  G  R  A  M  U  B  D
H  F  D  F  T  Ö  L  U  R  F  K  O  R  Í
O  U  P  A  S  A  M  H  V  E  R  F  U  U
R  C  X  J  T  H  Þ  K  R  S  F  W  U  S
N  Þ  R  Í  H  Y  R  N  I  N  G  U  R  X
H  J  Á  L  Í  Ð  A  L  O  G  R  A  M  I
```

TÖLUR	RÚMFRÆÐI
HORN	SAMHLIÐA
UMMÁL	HJÁLÍÐALOGRAM
FERNINGUR	JAÐAR
AUKASTAF	MARGHYRNING
ÞVERMÁL	RADÍUS
JAFNA	SAMHVERFU
KÚLA	ÞRÍHYRNINGUR
BROT	BINDI

44 - Senderismo

```
S  M  D  U  N  Á  T  T  Ú  R  A  N  B  B
T  O  X  L  J  O  E  L  F  I  N  R  J  G
E  S  G  A  R  Ð  U  R  L  J  T  X  A  B
F  K  S  T  Í  G  V  É  L  I  A  V  R  P
N  Í  F  U  N  D  I  N  U  M  V  L  G  G
U  T  R  O  K  L  W  H  L  D  O  I  L  B
M  Ó  G  Ð  D  O  R  Ý  D  K  T  E  C  C
Ö  F  N  N  E  M  U  G  Ö  S  Ð  I  E  L
R  L  D  H  U  A  T  O  Ð  Y  O  Ú  B  Ð
K  U  H  D  Y  Þ  T  N  Ð  P  T  T  X  E
U  G  X  E  M  G  Y  Ð  F  G  Z  J  Y  I
N  U  R  A  N  I  E  T  S  D  F  Æ  N  P
T  R  V  E  Ð  U  R  F  A  R  P  Ð  M  E
Þ  C  Ð  Q  N  F  Þ  Ð  V  E  S  A  U  Z
```

BJARG	KORT
VATN	FJALL
DÝR	MOSKÍTÓFLUGUR
STÍGVÉL	NÁTTÚRAN
ÚTJÆÐA	STEFNUMÖRKUN
ÞREYTTUR	GARÐUR
VEÐURFAR	ÞUNGT
FUNDINUM	STEINAR
LEIÐSÖGUMENN	VILLT

45 - Naturaleza

```
Þ  K  V  H  E  L  G  I  D  Ó  M  U  R  J
V  J  I  I  M  U  O  D  W  E  L  K  L  N
Z  U  L  L  U  K  Ö  J  Ý  C  J  Q  R  G
T  I  L  W  M  T  E  N  E  R  E  S  A  L
O  R  T  B  Ý  F  L  U  G  U  R  R  W  Þ
Ð  Y  O  A  D  O  K  G  Z  W  Q  R  C  L
S  M  C  P  K  R  Ö  M  I  Ð  Y  E  S  F
U  K  L  A  I  G  E  S  V  R  L  V  K  R
R  S  J  H  V  C  T  Ð  N  U  Í  I  Ý  I
R  K  Ð  Ó  K  F  A  I  B  G  F  R  C  Ð
O  Ó  Þ  V  L  Y  K  L  J  E  L  G  J  S
P  G  X  R  C  A  O  Z  T  F  E  V  P  Æ
R  U  B  F  Z  Z  Þ  S  I  X  G  E  R  L
E  R  U  K  S  Í  T  K  R  A  T  K  M  T
```

BÝFLUGUR	ÞOKA
DÝR	SKÝ
ARKTÍSKUR	FRIÐSÆLT
FEGURÐ	SKJÓL
SKÓGUR	RIVER
EYÐIMÖRK	VILLT
KVIK	HELGIDÓMUR
ROF	SERENE
SM	TROPICAL
JÖKULL	LÍFLEGT

46 - Conduciendo

```
H  Ð  R  N  S  Ö  W  V  D  A  U  S  N  C
L  Æ  S  H  T  R  O  K  R  O  T  Ó  M  Þ
U  E  T  L  Y  Y  A  Ð  U  F  O  F  F  K
M  C  Y  T  M  G  Z  S  G  N  Ö  G  F  B
E  Ó  T  F  A  G  G  A  N  G  A  N  D  I
L  V  T  W  I  I  V  T  Ö  L  K  W  X  B
D  Ö  B  O  Ð  H  O  A  G  Ö  L  Þ  C  D
S  R  Í  J  R  O  D  G  M  G  Þ  M  Þ  I
N  U  L  P  E  H  I  Ð  A  R  H  V  Ð  E
E  B  S  S  F  D  J  L  S  E  E  I  F  D
Y  Í  K  X  M  W  Þ  Ó  Y  G  W  Q  S  A
T  L  Ú  B  U  B  B  N  L  L  Í  B  L  Þ
I  L  R  W  Q  T  H  E  S  A  G  D  U  U
B  R  E  M  S  U  R  B  Y  N  I  N  P  P
```

SLYS	MÓTORHJÓL
GATA	MÓTOR
VÖRUBÍLL	GANGANDI
BÍLL	HÆTTA
ELDSNEYTI	LÖGREGLAN
BREMSUR	ÖRYGGI
BÍLSKÚR	SAMGÖNGUR
GAS	UMFERÐ
LEYFI	GÖNG
KORT	HRAÐI

47 - Ballet

```
T  O  V  L  Ó  F  A  K  L  A  P  P  T  H
Æ  R  Ö  S  N  L  K  Z  S  J  R  Ð  Ó  L
K  Þ  Ð  Æ  Ó  T  Á  B  F  O  B  W  N  J
N  G  V  Y  F  L  Ð  T  D  G  O  K  S  Ó
I  B  A  H  B  I  Ó  Y  B  Z  N  E  K  M
X  S  D  F  A  T  N  A  J  R  N  B  Á  S
T  Z  T  O  L  Z  E  G  P  C  A  J  L  V
S  T  Í  L  L  T  A  K  T  U  R  G  D  E
I  I  K  I  E  L  K  R  Y  T  S  Q  Ð  I
L  N  G  T  R  D  A  N  S  A  R  A  R  T
N  F  J  Z  Í  K  Ó  R  E  Ó  G  R  A  F
Ó  Æ  O  Ð  N  N  Æ  R  T  S  I  L  E  S
T  H  Z  W  A  M  Þ  M  S  R  Þ  D  J  B
S  V  I  P  M  I  K  I  L  L  R  S  L  L
```

LÓFAKLAPP	LÁTBRAGÐ
LISTRÆNN	HÆFNI
BALLERÍNA	STYRKLEIKI
DANSARAR	VÖÐVA
TÓNSKÁLD	TÓNLIST
KÓREÓGRAF	HLJÓMSVEIT
ÆFING	TAKTUR
STÍL	SÓLÓ
SVIPMIKILL	TÆKNI

48 - Fuerza y Gravedad

```
P  Q  S  E  G  U  L  M  A  G  N  Á  V  E
S  T  Ð  F  J  A  R  L  Æ  G  Ð  H  É  Ð
W  P  A  L  H  L  I  Ð  A  N  S  R  L  L
U  E  O  M  I  Ð  J  A  I  I  T  I  F  I
X  R  A  R  Þ  K  P  A  B  N  Æ  F  R  S
T  Z  J  I  B  P  V  T  Ð  Ú  R  G  Æ  F
Z  Q  T  N  Y  R  T  I  K  N  Ð  E  Ð  R
G  D  D  G  Q  S  A  Í  K  X  O  B  I  Æ
I  Ð  M  I  Q  S  W  U  M  Þ  D  T  Ð  Ð
Þ  Á  Þ  E  S  T  V  I  T  I  G  Þ  A  I
D  S  U  P  P  G  Ö  T  V  U  N  Q  R  Y
P  S  T  Æ  K  K  U  N  N  Q  Y  Ð  H  I
E  H  R  E  Y  F  I  N  G  S  Þ  Z  L  H
U  Þ  R  Ý  S  T  I  N  G  U  R  M  J  C
```

MIÐJA	STÆRÐ
UPPGÖTVUN	VÉLFRÆÐI
KVIK	HREYFING
FJARLÆGÐ	SPORBRAUT
ÁS	ÞYNGD
STÆKKUN	ÞRÝSTINGUR
EÐLISFRÆÐI	EIGNIR
NÚNING	TÍMI
ÁHRIF	ALHLIÐA
SEGULMAGN	HRAÐI

49 - Aventura

```
F  G  V  I  T  G  E  L  U  J  N  E  V  Ó
K  E  P  A  F  E  R  Ð  A  S  T  D  I  Ö
N  J  R  E  N  Y  L  Þ  G  O  S  C  N  R
N  Ý  D  Ð  R  D  P  Z  A  T  U  S  I  Y
Á  F  T  R  A  Ð  I  N  K  R  I  V  R  G
T  E  G  T  Ð  Á  Y  J  Ð  Y  Ð  E  T  G
T  G  E  J  O  R  Æ  Þ  C  D  N  L  Æ  I
Ú  U  L  H  N  W  C  T  W  H  O  D  K  R
R  R  U  G  L  E  Ð  I  L  A  B  M  I  E
A  Ð  T  Á  Ó  V  A  R  T  U  L  Ó  F  Þ
N  A  T  T  O  J  V  I  Z  X  N  Ð  Æ  H
C  Z  Æ  S  I  G  L  I  N  G  A  R  R  I
Z  Ð  H  H  U  G  R  E  K  K  I  L  I  B
P  S  K  O  Ð  U  N  A  R  F  E  R  Ð  B
```

VIRKNI
GLEÐI
VINIR
FEGURÐ
VANDI
ELDMÓÐ
SKOÐUNARFERÐ
ÓVENJULEGT
FERÐAÁÆTLUN

NÁTTÚRAN
SIGLINGAR
NÝTT
TÆKIFÆRI
HÆTTULEGT
ÖRYGGI
Á ÓVART
HUGREKKI
FERÐAST

50 - Pájaros

```
P  W  G  C  H  F  Y  V  P  O  G  H  S  K
E  I  W  B  L  W  L  C  R  C  X  A  P  J
L  R  U  K  U  A  G  A  F  Á  P  U  A  Ú
I  S  T  O  R  K  U  R  M  B  T  K  R  K
C  Z  O  B  M  E  P  O  J  I  U  U  R  L
A  G  A  U  K  U  R  Ö  M  P  N  R  O  I
N  A  N  V  M  Q  V  T  R  D  S  G  W  N
S  X  B  Z  Á  D  K  O  O  N  V  E  O  G
Æ  T  N  P  F  Ú  R  U  D  Ö  A  G  S  U
G  A  R  B  U  F  Á  C  Q  R  N  G  W  R
R  D  T  Ú  R  A  K  A  D  R  U  Z  R  G
Ö  K  O  L  T  R  A  N  Q  J  R  D  T  Æ
M  T  M  F  U  U  H  E  R  O  N  L  V  S
C  J  K  C  Z  V  R  A  E  Ð  R  G  B  P
```

STRÚTUR	SPARROW
ÖRN	HAUKUR
STORKUR	EGG
SVANUR	PÁFAGAUKUR
GAUKUR	DÚFA
KRÁKA	ÖND
FLAMINGO	PELICAN
GÆS	MÖRGÆS
HERON	KJÚKLINGUR
MÁFUR	TOUCAN

51 - Geografía

```
N A I D I R E M H Ó Q K E L
R J Þ D N A L L A J F F Y E
I H E I M U R U T S E V J N
V U K E Ð Æ H U E R W T A G
E T C R W Æ Y R G G O D N D
R R E B U N V B M P V K L A
N O R Ð U R M S A L T A C R
Y F I R R Á Ð A S V Æ Ð I G
B I C B G X D Ð A P T X P R
V O Z K D Z J S U Y G K C Á
E G R L R Z A U Q K R W R Ð
K A K G M Þ U Ð A Ð Þ Z J U
F U T U W Þ B U C B E W V H
Á L F U N N I R A Ð R A J Z
```

HÆÐ	MERIDIAN
ATLAS	FJALL
BORG	HEIMUR
ÁLFUNNI	NORÐUR
JARÐAR	VESTUR
EYJA	LAND
BREIDD	SVÆÐI
LENGDARGRÁÐU	RIVER
KORT	SUÐUR
SJÓ	YFIRRÁÐASVÆÐI

52 - Actividades

```
G Y P P D U T O S L N M L L
A J G Æ N Á Í J G A N K I E
R U D L A G M W Þ Ð U K S I
Ð H Y A R O I Q R I D M T K
Y A T B V V S Þ A E N Þ A I
R N D K N I T D U V Y H M R
K D L E S T U R T V M G Á K
J V V I R K N I I C S K L D
A E D H L K L I R F Ó D V X
C R Þ J W I N F Æ H J I E Y
S K L X Y Ð N U K Ö L S R P
K E R A M I K W P N F E K R
W X G G O E Á H U G A M Á L
Ð S C F H V H I Ð W M A Q Y
```

VIRKNI
LIST
HANDVERK
VEIÐA
KERAMIK
SAUMA
LJÓSMYNDUN
HÆFNI
ÁHUGAMÁL
GARÐYRKJA

LEIKIR
LESTUR
GALDUR
TÍMIST
VEIÐI
MÁLVERK
ÁNÆGJA
SLÖKUN
ÞRAUTIR

53 - Verduras

```
S  P  E  R  G  I  L  K  Á  L  N  Y  S  E
J  Z  K  S  A  R  T  I  H  O  K  E  E  G
A  E  N  G  I  F  E  R  P  R  W  F  L  G
L  B  J  Þ  T  D  T  E  E  C  Q  F  L  A
M  S  F  M  A  J  Ð  Æ  R  K  M  N  E  L
H  V  Í  T  L  A  U  K  U  R  S  T  R  D
V  L  L  L  A  P  E  A  T  I  G  A  Í  I
T  O  Ó  C  S  K  A  G  Y  P  G  M  R  N
G  S  P  Í  N  A  T  E  R  P  B  Ó  Ð  G
N  Ú  L  A  U  K  U  R  Q  E  Ð  T  L  O
X  Æ  R  G  U  L  R  Ó  T  V  Y  G  P  O
Ð  P  P  K  S  T  E  I  N  S  E  L  J  A
S  O  K  A  U  L  F  Ö  T  R  A  K  C  Y
W  D  B  T  Q  M  S  P  Q  R  H  C  U  O
```

HVÍTLAUKUR   ENGIFER
ARTIHOKE   NÆPA
SELLERÍ   ÓLÍF
EGGALDIN   KARTÖFLU
SPERGILKÁL   GÚRKU
GRASKER   STEINSELJA
LAUKUR   RÆÐJA
SALAT   SVEPPIR
SPÍNAT   TÓMAT
PEA   GULRÓT

54 - Instrumentos Musicales

```
D  Þ  Đ  L  I  Þ  S  B  F  U  P  Đ  I  K
S  Z  D  N  F  F  I  A  M  M  O  R  T  L
J  L  N  Í  L  Ó  D  N  A  M  P  H  E  A
M  F  A  K  V  Y  X  J  I  G  O  W  P  R
F  U  X  G  H  M  X  Ó  N  A  Í  P  M  I
G  M  N  Z  V  B  U  M  B  U  R  W  O  N
I  B  A  N  F  E  K  G  Í  T  A  R  R  E
G  O  N  G  H  A  R  F  I  Đ  L  U  T  T
S  E  L  L  Ó  Ö  G  K  E  M  B  H  B  T
T  Đ  M  X  W  L  R  O  L  G  Á  A  V  O
U  J  W  J  Ó  B  Ó  P  T  F  S  R  W  X
M  A  R  I  M  B  A  F  U  T  Ú  P  I  D
U  S  A  X  Ó  F  Ó  N  Y  U  N  A  U  Đ
F  K  N  Q  K  G  B  U  T  U  A  L  F  F
```

MUNNHÖRPU   ÓBÓ
HARPA   BUMBUR
BANJÓ   SLAGVERK
KLARINETT   PÍANÓ
FAGOTT   SAXÓFÓN
FLAUTU   TROMMA
GONG   BÁSÚNA
GÍTAR   TROMPET
MANDÓLÍN   FIÐLU
MARIMBA   SELLÓ

55 - Mascotas

```
M  H  G  C  H  Þ  S  G  H  U  N  D  U  R
T  Ú  A  K  A  B  D  L  A  J  K  S  W  L
K  N  S  M  K  A  F  Þ  R  P  H  A  L  I
E  S  Z  I  S  D  J  Þ  Q  P  W  M  Þ  D
T  K  L  Æ  R  T  R  R  U  K  S  I  F  Ý
T  N  Þ  S  N  O  U  Y  E  Ö  K  H  K  R
L  S  Z  B  Ð  F  K  R  Ð  T  Q  V  L  A
I  C  K  Ð  Q  B  U  U  L  T  H  R  Ð  L
N  A  R  U  M  U  A  T  A  U  V  T  G  Æ
G  K  L  X  Z  Þ  G  A  N  R  O  B  R  K
U  R  G  E  I  T  A  M  Í  Ý  L  X  I  N
R  A  J  V  Z  A  F  P  N  K  P  G  A  I
Z  G  V  A  T  N  Á  J  A  S  U  T  O  R
O  A  E  Þ  M  X  P  O  K  K  R  O  H  U
```

VATN	KÖTTUR
GEIT	HAMSTUR
HVOLPUR	EÐLA
HALI	PÁFAGAUKUR
KRAGA	HUNDUR
MATUR	FISKUR
KANÍNA	MÚS
TAUMUR	SKJALDBAKA
KLÆR	KÝR
KETTLINGUR	DÝRALÆKNIR

56 - Formas

```
S  S  P  O  R  B  A  U  G  W  A  O  J  H
P  T  C  O  A  Y  T  E  N  I  N  G  U  R
Ý  N  R  O  H  W  M  R  P  H  P  S  P  Y
R  B  A  O  N  J  H  U  P  Y  K  I  I  K
A  R  H  C  K  H  T  G  C  P  F  Ú  C  R
M  Ú  H  E  L  K  L  N  Y  E  E  T  L  Y
Í  N  R  T  R  B  A  I  N  R  R  U  F  A
D  I  I  P  B  S  L  N  Ð  B  I  S  L  N
A  R  N  X  L  H  I  R  M  O  L  C  W  Í
O  L  G  T  I  D  E  E  X  L  L  Q  W  L
P  R  I  S  M  I  K  F  L  A  W  T  Ð  H
M  A  R  G  H  Y  R  N  I  N  G  B  S  K
S  P  O  R  Ö  S  K  J  U  L  A  G  A  Ð
R  É  T  T  H  Y  R  N  I  N  G  U  R  U
```

ARC
BRÚNIR
STROKKA
HRING
KEILA
FERNINGUR
TENINGUR
FERILL
SPORBAUG
KÚLA

HORN
HYPERBOLA
HLIÐ
LÍNA
SPORÖSKJULAGA
PÝRAMÍDA
MARGHYRNING
PRISM
RÉTTHYRNINGUR

57 - Flores

```
Z  U  Đ  K  Đ  P  Đ  M  Đ  Đ  L  S  K  Z
O  P  A  G  O  T  E  S  Ó  L  B  L  Ó  M
C  T  L  A  A  I  L  O  N  G  A  M  Q  J
H  I  B  I  S  C  U  S  N  S  V  T  Đ  Y
A  L  U  D  N  E  L  A  C  Y  M  Ö  F  Z
C  J  N  C  B  Þ  C  K  J  S  V  Á  N  Þ
D  A  Ó  T  M  J  Y  T  A  I  Q  Þ  R  D
T  Z  R  Z  R  A  X  H  S  A  L  Í  L  I
B  K  K  D  G  W  H  M  M  D  Z  F  N  H
P  O  P  P  Y  L  I  L  I  R  M  Í  I  C
T  Ú  L  I  P  A  N  S  N  Ó  S  F  L  R
U  E  R  J  E  M  P  X  E  S  R  I  A  O
Á  S  T  R  Í  Đ  U  B  L  Ó  M  L  I  Đ
L  O  F  N  A  R  B  L  Ó  M  L  L  H  F
```

POPPY	MAGNOLIA
CALENDULA	DAISY
FÍFILL	ORCHID
TOGA	ÁSTRÍĐUBLÓM
SÓLBLÓM	PEONY
HIBISCUS	KRÓNUBLAÐ
JASMINE	VÖND
LOFNARBLÓM	RÓS
LÍLA	SMÁRI
LILY	TÚLIPAN

58 - Astronomía

```
G C Y W Þ Q V D E Þ R E X T
E O P I Y X A L A G C Q T O
I S L Z N U L S I E G U Þ A
M M G A G R D I W J P I O N
F O N T D T I H X K K N K R
A S U I A C U T Y E N O K A
R P T Ð R Ö J N S A N X A J
I D I C A U A A G Á I K S T
K O V S F I X G Ð L M P Ð S
Q K R J L S U B H H I S G I
R C E L D F L A U G H A A K
X L G S S H D E M Y R K V I
O B S E R V A T O R Y T F E
S T J Ö R N U M E R K I V R
```

SMÁSTIRNI   ÞYNGDARAFL
GEIMFARI   TUNGL
HIMINN   ÞOKKA
ELDFLAUG   OBSERVATORY
STJÖRNUMERKI   REIKISTJARNA
COSMOS   GEISLUN
MYRKVI   GERVITUNGL
EQUINOX   JÖRÐ
GALAXY

59 - Tiempo

```
H O T Þ M S T A N K A K I V
C G Þ Ð Á Ð X H E L U I B Þ
V B G A N Ú N U D U G A D Í
D W Y P U I J E B K N T L J
M A O Q Ð Í G X D K A F Ö F
H R G C U G Y X P U B R W P
R Á N A R Æ V M A S L A U U
U U D Q T R Y O I T I M X T
Ð Þ G E B A C R S U K T J Q
Á L O U G G L G D N I Í C I
N Ó T T T I S U A D O Ð J A
Á R L E G A R N G Q C Z B B
K L U K K A R N U V Q G I W
M Í N Ú T A Þ Á R K Ð U E W
```

NÚNA	Í DAG
ÁÐUR	MORGUNN
ÁRLEGA	HÁDEGI
ÁR	MÁNUÐUR
Í GÆR	MÍNÚTA
DAGATAL	AUGNABLIK
ÁRATUGUR	NÓTT
DAGUR	KLUKKA
FRAMTÍÐ	VIKA
KLUKKUSTUND	ÖLD

60 - Paisajes

```
S E O Þ E Q S T D X F L V F
Þ T W T Y R S J H Í J M K Q
V K Ö P J A O Ð Ó S A U U R
Ð R I Ð A T F L J B L F B Y
B I Q G U L N Ó O E L R Þ M
N G C L T V Q N L R E V I R
D A L U R U A L J G K E L E
M K L V M Y N T I L V L L V
K S U A R T Þ D N S I D E H
O Ó K F J A R A R H N F H S
K R Ö M I Ð Y E I A T J U O
A Á J S R X Y Þ T I W A Q G
K Þ R T Ý B G X R X F L M V
P H D J M I U E Ð G Þ L O E
```

FOSS	SJÓ
HELLI	FJALL
EYÐIMÖRK	VIN
ÁRÓS	MÝRI
GOSHVER	SKAGI
JÖKULL	FJARA
ÍSBERG	RIVER
EYJA	TUNDRA
STÖÐUVATN	DALUR
LÓN	ELDFJALL

61 - Días y Meses

```
O P N R Á R Á V C K Þ J O M
K M Ð U Q F G Þ I J Q A K Á
T Á I G Þ Y Ú L M K Þ N P N
Ó N C A D F S F D R A Ú Q U
B U G D W E T N B M Y A A Ð
E D M U F B A P R Í L R V U
R A Þ N Z R E B M E V Ó N R
O G O N A Ú U I O H T I S T
A U R U G A D U T M M I F I
A R Q S H R E B M E T P E S
D A G A T A L O P H D I X Ð
L A U G A R D A G U R A Þ C
M I Ð V I K U D A G U R M F
Y Þ M J Ú L Í N Ú J Þ C L Y
```

APRÍL	JÚNÍ
ÁGÚST	MÁNUDAGUR
ÁR	MÁNUÐUR
DAGATAL	MIÐVIKUDAGUR
SUNNUDAGUR	NÓVEMBER
JANÚAR	OKTÓBER
FEBRÚAR	LAUGARDAGUR
FIMMTUDAGUR	VIKA
JÚLÍ	SEPTEMBER

62 - Jardinería

```
B  B  U  W  T  C  J  S  S  F  R  Ó  V  V
H  L  L  K  E  W  I  C  L  R  I  H  E  U
L  V  Ó  Ó  A  I  U  M  Ö  A  G  R  Ð  B
U  X  V  M  M  M  V  O  N  M  O  E  U  O
L  A  U  F  S  A  I  L  G  A  P  I  R  T
V  R  D  R  U  T  Æ  T  U  N  I  N  F  A
I  M  X  U  Z  L  R  A  N  D  N  I  A  N
M  E  R  T  D  D  F  A  A  I  T  N  R  I
A  L  D  I  N  G  A  R  Ð  U  R  D  H  C
Í  Q  D  K  Ö  U  B  K  F  T  T  I  B  A
R  L  J  A  V  T  E  G  U  N  D  I  A  L
S  E  Á  R  C  X  S  V  V  T  A  P  A  G
M  J  J  T  I  R  N  F  J  A  X  T  M  J
W  G  B  J  W  R  U  G  E  V  Ð  R  A  J
```

VATN	BLÓMA
BOTANICAL	SM
VEÐURFAR	LAUF
ÆTUR	ALDINGARÐUR
MOLTA	RAKI
ÍLÁT	SLÖNGUNA
TEGUND	VÖND
OPIN	FRÆ
FRAMANDI	ÓHREININDI
BLÓMSTRA	JARÐVEGUR

63 - Chocolate

```
V  Þ  A  C  U  A  G  H  T  U  B  F  H  T
E  K  I  Ð  Æ  G  H  S  F  D  R  R  I  D
K  T  O  F  B  S  Æ  T  U  R  A  A  T  K
B  I  T  U  R  O  N  R  D  U  G  M  A  A
K  H  X  T  Y  S  R  Þ  X  M  Ð  A  E  R
H  Ó  Q  A  D  Y  Q  Ð  N  L  U  N  I  A
Y  A  K  W  A  K  G  M  A  I  P  D  N  M
R  J  N  O  Y  U  M  P  J  N  P  I  I  E
S  Q  I  D  S  R  Y  M  D  F  Á  Q  N  L
N  W  J  H  V  H  Z  Y  Q  E  H  P  G  L
V  G  M  U  T  E  N  H  Ó  K  A  K  A  A
Þ  S  A  Þ  D  Z  R  E  O  L  L  N  R  Q
Þ  R  G  R  B  M  N  K  T  E  D  A  G  N
U  P  P  S  K  R  I  F  T  A  S  S  S  H
```

BITUR	KÓKOSHNETA
ILMUR	AÐ BORÐA
HANDVERK	SÆTUR
SYKUR	FRAMANDI
HNETUM	UPPÁHALDS
KAKÓ	BRAGÐ
GÆÐI	EFNI
HITAEININGAR	DUFT
KARAMELLA	UPPSKRIFT

64 - Barbacoas

```
F  J  Ö  L  S  K  Y  L  D  A  V  J  H  Ð
E  H  L  U  T  Z  S  A  L  T  Þ  Y  E  O
M  Á  Y  T  Ó  V  I  S  S  G  X  I  I  M
Á  D  K  Ó  N  L  A  U  K  Ó  R  Q  T  A
V  E  J  M  L  Q  C  R  R  T  S  I  T  P
Ö  G  Ú  A  I  Z  H  U  N  G  U  R  L  X
X  I  K  T  S  Ð  K  T  G  T  F  S  N  L
T  S  L  A  T  K  H  A  F  Í  N  H  X  L
U  V  I  R  Þ  O  M  M  R  I  K  I  E  L
R  E  N  R  Ö  B  M  D  S  A  L  Ö  T  M
E  R  G  D  K  T  X  L  A  Y  P  Q  E  B
G  Ð  U  T  N  N  I  Ö  U  L  O  I  Þ  Y
V  U  R  A  M  U  S  V  U  P  R  X  P  Q
R  R  V  G  F  R  Q  K  G  S  Þ  B  G  O
```

HÁDEGISVERÐUR	TÓNLIST
HEITT	BÖRN
LAUK	GRILL
KVÖLDMATUR	PIPAR
HNÍFA	KJÚKLINGUR
SALÖT	SALT
FJÖLSKYLDA	SÓSA
ÁVÖXTUR	TÓMATAR
HUNGUR	SUMAR
LEIKIR	

65 - Ropa

```
S  I  L  B  N  S  G  R  U  T  T  A  H  M
Z  K  Y  K  Á  K  X  Ó  P  R  K  S  B  Y
O  K  Ó  J  T  Y  T  K  Á  E  Þ  S  F  C
Ð  A  A  Ó  T  R  B  S  K  F  Ð  Ú  Ð  X
T  J  N  L  F  T  L  V  O  I  T  L  E  B
H  Q  E  L  Ö  A  D  Þ  N  L  P  B  Z  V
K  F  M  Q  T  H  A  N  S  K  A  X  L  Ð
P  C  S  V  U  N  T  U  A  B  U  X  U  R
W  N  L  T  Í  S  K  A  S  B  Þ  C  G  D
P  T  Á  X  Z  Z  A  Y  Y  Ð  M  J  A  Ð
G  Y  H  G  P  K  W  R  E  Y  B  R  I  R
Þ  I  Þ  V  I  H  A  P  P  S  U  D  A  M
S  K  A  R  T  G  R  I  P  I  R  P  Þ  C
P  I  L  S  N  Þ  P  D  X  H  Y  G  Z  F
```

KÁPU	SKARTGRIPIR
BLÚSSA	TÍSKA
TREFIL	BUXUR
SKYRTA	NÁTTFÖT
JAKKI	ARMBAND
BELTI	SKÓ
HÁLSMEN	HATTUR
SVUNTU	PEYSA
PILS	KJÓLL
HANSKA	SKÓR

66 - Meditación

```
S  A  I  A  M  A  S  S  I  I  Y  S  S  Ö
J  I  L  G  Y  H  T  A  G  U  H  K  A  N
Ó  U  Þ  Ð  C  P  M  H  M  X  C  N  M  D
N  A  N  D  L  E  G  T  U  Þ  N  P  T  U
A  S  G  Þ  J  U  G  D  P  G  Y  J  Ö  N
R  K  O  A  F  R  I  Ð  U  R  U  K  K  J
H  Ý  L  K  G  Þ  Ö  G  N  O  Q  N  K  B
O  R  V  K  Ð  Ó  C  P  P  N  D  F  S  I
R  L  J  L  E  D  Ð  Q  F  U  S  K  R  Ð
N  E  A  Æ  N  F  F  V  I  R  D  Þ  W  O
I  I  O  T  X  B  G  M  I  S  A  M  Ú  Ð
U  K  D  I  H  T  T  S  I  L  N  Ó  T  V
T  I  N  Á  T  T  Ú  R  A  N  D  H  J  P
H  U  G  S  A  N  I  R  Q  E  B  Þ  Q  O
```

SAMÞYKKI   SAMTÖK
ATHYGLI   TÓNLIST
GÓÐVILD   NÁTTÚRAN
LOGN   ATHUGUN
SKÝRLEIKI   FRIÐUR
SAMÚÐ   HUGSANIR
ÞAKKLÆTI   SJÓNARHORNI
ANDLEGT   ÖNDUN
HUGA   ÞÖGN

67 - Café

```
Þ  E  H  I  W  I  C  Q  Y  B  R  S  M  S
S  T  G  L  P  R  D  X  Y  Y  I  S  O  U
S  Í  O  L  D  T  N  I  P  W  L  U  R  T
S  Ú  A  O  Ð  D  C  L  B  F  M  P  G  F
S  Y  R  B  R  E  N  N  T  L  U  P  U  J
N  T  A  V  B  Q  O  R  H  J  R  R  N  Ö
M  R  U  T  I  B  L  Q  B  Ó  K  U  N  L
Ð  A  K  G  Z  O  H  A  F  T  D  N  Í  B
R  V  L  R  L  W  B  Q  V  A  R  A  F  R
X  S  Ó  A  M  Ó  J  R  E  N  Y  T  F  E
U  Y  J  U  J  I  E  U  R  D  K  I  O  Y
W  Y  M  X  I  F  B  K  Ð  I  K  H  K  T
J  Ð  G  H  V  O  N  Y  W  H  U  I  W  N
B  R  A  G  Ð  B  B  S  H  J  R  G  X  I
```

VATN	MJÓLK
BITUR	FLJÓTANDI
ILMUR	MORGUNN
BRENNT	MALA
SYKUR	SVART
SÚR	UPPRUNA
DRYKKUR	VERÐ
KOFFÍN	BRAGÐ
RJÓMA	BOLLI
SÍA	FJÖLBREYTNI

68 - Libros

```
V  I  Ð  E  I  G  A  N  D  I  S  C  P  R
B  Ó  K  M  E  N  N  T  A  G  A  S  F  Q
O  K  L  J  Ó  Ð  H  G  Ð  N  F  J  Ð  G
Z  R  C  S  A  F  M  Q  Í  Þ  N  R  J  A
Ð  U  Ð  Ö  Þ  I  R  I  S  X  P  Ö  E  M
S  D  H  G  Z  N  U  U  G  V  B  Ð  T  A
K  N  Ö  U  Þ  S  Ð  S  M  A  F  V  I  N
R  U  R  L  B  L  A  S  T  L  R  G  D  S
I  F  M  E  E  U  M  I  V  C  E  A  N  A
F  Ö  U  G  I  Þ  U  N  Í  N  L  G  A  M
A  H  L  T  C  I  G  N  E  H  M  A  S  U
Ð  F  E  Ð  O  C  Ö  H  Ð  E  W  W  E  R
C  G  G  A  G  A  S  D  L  Á  K  S  L  M
V  L  A  I  R  Ý  T  N  I  V  Æ  L  H  V
```

HÖFUNDUR	LESANDI
ÆVINTÝRI	BÓKMENNTA
SAFN	SÖGUMAÐUR
SAMHENGI	SKÁLDSAGA
TVÍEÐLI	ORÐ
SKRIFAÐ	SÍÐA
SAGA	VIÐEIGANDI
SÖGULEGT	LJÓÐ
GAMANSAMUR	RÖÐ
FRUMLEG	HÖRMULEGA

69 - Los Medios de Comunicación

```
A  F  Á  G  T  Ú  O  P  I  N  B  E  R  Þ
M  U  V  E  F  Á  N  E  T  I  N  U  Ð  Z
T  E  G  O  Ð  J  S  J  Ó  N  V  A  R  P
Y  T  N  L  E  B  Á  Z  O  X  W  P  A  V
I  I  Ð  N  Ý  N  Æ  R  F  A  T  S  Z  I
T  R  Ö  Ð  T  S  U  B  M  L  E  T  W  Ð
P  A  L  O  I  U  I  E  Z  Ö  N  E  Y  H
I  M  B  Z  L  I  N  N  E  M  G  V  K  O
K  Í  G  A  Á  J  J  G  G  Y  M  N  B  R
S  T  A  Ð  B  Æ  R  K  K  N  E  Y  U  F
M  E  D  I  Y  P  O  Þ  F  D  R  E  Ð  N
A  I  T  R  U  Ð  A  N  Ð  I  X  M  D  F
S  T  Ú  T  V  A  R  P  S  R  P  Y  A  D
S  T  A  Ð  R  E  Y  N  D  I  R  W  P  L
```

VIÐHORF
AUGLÝSING
SAMSKIPTI
STAFRÆN
ÚTGÁFA
MENNTUN
Á NETINU
FJÁRMÖGNUN
MYNDIR
STAÐREYNDIR

IÐNAÐUR
STAÐBÆR
ÁLIT
DAGBLÖÐ
OPINBER
ÚTVARP
NET
TÍMARIT
SJÓNVARP

70 - Nutrición

```
B R A G Ð O K M B T D Þ J G
P G M Q C K O N E I Z W V E
R J A P J E L Y M L T J V R
Ó P T P Z C V T O M T U A J
T H A S L I E H Þ L P I R U
E I R E O C T S Ó S A Ð N N
I N Æ Ð J V N Æ D M P Æ R G
N F Ð V G R I Y T C E G O R
K E I T Z U Þ T Þ U U K K L
D R X V D G N Y Þ Þ R L G P
H U I N F E R A G N I R Æ N
S T T S Y L R A T A M Ð P H
X I W K Y Ó V Í T A M Í N W
H E I L B R I G Ð U R X A F
```

BITUR
MATARLYST
GÆÐI
KOLVETNI
KORN
ÆTUR
MATARÆÐI
MELTING
RÓLEGUR
GERJUN

NÆRINGAREFNI
ÞYNGD
PRÓTEIN
BRAGÐ
SÓSA
HEILSA
HEILBRIGÐUR
EITUREFNI
VÍTAMÍN

71 - Edificios

```
V Q H Ð V S E N D I R Á Ð J
K L E F A E N B Í L S K Ú R
B B Ð Ú B U R Ö V T A M A Æ
Í H S M V S K K F Ð T E O B
Q B A O Ö J A H S Ð K J Ð Z
B Q Ú N L Ú H Á P M Ð W Y F
N J E Ð L K Ó S Y U I N P C
L T B D I R T K M O L Ð U T
A E R X N A E Ó N F A S J S
J Þ I U N H L L R A T V Z U
N V X K N Ú P I U J S D L V
K Z Z J H S A K T K A H R E
H L Ö Ð U Ú H Ú S O K C T K
Þ X U H D M S W S K Ó L I L
```

ÍBÚÐ	HLÖÐU
KLEFA	BÆR
HÚS	SJÚKRAHÚS
KASTALI	HÓTEL
SENDIRÁÐ	SAFN
SKÓLI	MATVÖRUBÚÐ
VÖLLINN	LEIKHÚS
VERKSMIÐJU	TURN
BÍLSKÚR	HÁSKÓLI

72 - Océano

```
H  T  Ú  N  F  I  S  K  U  R  E  E  F  I
Á  S  J  Á  V  A  R  F  Ö  L  L  L  Á  Z
K  Y  G  R  S  V  A  M  P  U  R  K  C  N
A  M  A  R  G  L  Y  T  T  A  R  T  S  O
R  U  K  S  I  F  Y  H  D  G  T  I  H  M
L  S  F  W  L  P  K  Z  R  N  T  K  F  Q
X  R  A  X  P  Þ  R  A  R  U  L  A  V  H
P  P  Æ  L  M  T  A  H  T  R  T  P  Ð  S
T  J  K  K  T  M  B  Ð  N  Ö  M  Þ  K  T
T  O  G  A  J  L  B  Þ  Ð  Þ  J  S  Q  O
B  Á  T  U  R  A  I  K  Ó  R  A  L  L  R
I  Þ  P  H  Ö  F  R  U  N  G  U  R  H  M
K  O  L  K  R  A  B  B  I  M  Y  S  C  U
I  Ð  O  S  K  J  A  L  D  B  A  K  A  R
```

ÞÖRUNGA	SVAMPUR
ÁLL	SJÁVARFÖLL
RIF	MARGLYTTA
TÚNFISKUR	OSTRA
HVALUR	FISKUR
BÁTUR	KOLKRABBI
RÆKJA	SALT
KRABBI	HÁKARL
KÓRALL	STORMUR
HÖFRUNGUR	SKJALDBAKA

73 - Ciudad

```
K  B  P  Ð  S  Y  I  Þ  I  B  O  A  Þ  I
B  V  A  F  Ð  K  Ð  Ú  B  A  M  Ó  L  B
Ó  P  I  K  O  N  Ó  H  Þ  N  O  U  Ð  A
K  N  H  K  A  N  S  L  G  K  U  K  H  P
A  Ð  Á  A  M  R  C  C  I  I  S  V  Ó  Ó
B  Ú  S  R  U  Y  Í  K  E  L  A  Ö  T  T
Ú  B  K  U  U  Þ  N  Þ  N  W  F  L  E  E
Ð  U  Ó  Ð  U  Í  B  D  F  S  N  L  L  K
M  R  L  A  K  R  Þ  P  A  Ú  E  I  Y  I
K  Ö  I  K  H  E  G  A  S  H  P  N  Q  E
G  V  E  R  S  L  U  N  A  K  Ú  N  O  G
O  T  V  A  D  L  Y  B  K  I  W  S  D  R
Q  A  A  M  B  A  I  I  Ó  E  D  S  K  V
Ð  M  K  H  S  G  K  Z  B  L  G  V  C  A
```

BANKI	BÓKABÚÐ
BÓKASAFN	MARKAÐUR
KVIKMYNDAHÚS	SAFN
SKÓLI	BAKARÍ
VÖLLINN	MATVÖRUBÚÐ
APÓTEK	LEIKHÚS
BLÓMABÚÐ	VERSLUN
GALLERÍ	HÁSKÓLI
HÓTEL	

74 - Deporte

Í	Þ	H	R	U	U	D	S	U	J	B	L	M	A
H	Þ	J	Z	U	O	A	M	R	D	S	Í	A	Ð
E	D	R	Á	U	Z	N	V	M	B	J	K	T	S
I	Y	U	Ó	L	R	S	D	B	L	A	A	A	Y
L	P	K	C	T	F	A	Ð	O	M	M	M	R	N
S	B	R	Z	Ð	T	A	V	Ð	Ö	V	I	Æ	D
A	D	Y	E	G	N	I	R	Æ	N	A	H	Ð	A
F	Q	T	B	E	I	N	R	I	N	J	Þ	I	D
G	O	S	H	Á	M	A	R	K	A	B	D	R	M
A	T	R	A	J	H	O	Þ	P	F	T	L	L	T
Þ	R	W	R	R	K	E	V	V	P	F	S	T	T
U	Þ	W	C	I	T	P	I	K	S	A	N	F	E
I	E	E	V	U	T	E	G	T	Þ	R	E	K	Þ
C	Y	S	S	T	E	Y	G	J	A	L	Ó	J	H

DANSA
GETU
HJARTA
HJÓLA
LÍKAMI
ÍÞRÓTTIR
MATARÆÐI
ÞJÁLFARI
TEYGJA
STYRKUR

BEIN
HÁMARKA
EFNASKIPTI
VÖÐVA
AÐ SYNDA
NÆRING
FORRIT
ÞREK
HEILSA

75 - Actividades y Ocio

```
I   P   Á   H   N   E   F   A   L   E   I   K   A   R
Ð   E   F   H   V   D   T   L   V   E   I   Ð   I   N
K   M   B   X   U   Y   U   I   W   Q   T   R   V   C
R   Ö   Ð   S   E   G   M   S   L   P   L   I   E   F
E   M   F   P   U   Ð   A   T   Þ   M   O   T   R   E
V   G   L   U   Ð   F   H   M   O   X   B   L   S   R
L   K   O   F   N   V   Þ   J   Á   D   A   O   L   Ð
Á   Y   G   Ú   T   J   Æ   Ð   A   L   N   B   A   A
M   G   A   R   Ð   Y   R   K   J   A   F   U   K   S
T   E   N   N   I   S   B   Y   T   V   A   F   S   T
F   Ó   T   B   O   L   T   I   Z   S   H   R   F   B
N   Ð   R   I   Ð   R   E   F   U   G   N   Ö   G   L
A   F   S   L   A   P   P   A   N   D   I   K   N   A
Q   X   K   A   P   P   A   K   S   T   U   R   F   K
```

ÁHUGAMÁL
LIST
KÖRFUBOLTI
HAFNABOLTI
HNEFALEIKAR
KÖFUN
ÚTJÆÐA
KAPPAKSTUR
VERSLA
FÓTBOLTI

GOLF
GARÐYRKJA
SUND
VEIÐI
MÁLVERK
AFSLAPPANDI
GÖNGUFERÐIR
TENNIS
FERÐAST
BLAK

76 - Ingeniería

```
D  M  I  L  V  J  H  F  S  Á  B  O  S  S
Q  R  Æ  G  I  É  K  R  T  K  Y  R  T  K
Y  O  E  L  G  H  L  S  Y  N  G  K  A  Ý
Z  T  L  I  I  C  K  M  R  Ý  G  A  N  R
R  Ó  M  B  F  N  C  Í  K  J  I  A  G  I
L  M  N  B  Ð  I  G  Ð  U  A  N  K  I  N
U  K  M  Þ  L  U  N  I  R  G  G  Z  R  G
Þ  V  E  R  M  Á  L  G  N  I  N  Ú  N  A
V  P  Y  W  P  Q  E  C  R  D  Ý  P  T  R
X  P  F  D  R  C  S  Z  O  J  X  T  A  M
E  R  B  V  R  F  Í  H  H  B  Q  W  Þ  Y
M  I  W  X  V  L  D  T  L  N  F  C  Z  N
Ú  T  R  E  I  K  N  I  N  G  D  O  S  D
A  N  Ð  F  F  L  J  Ó  T  A  N  D  I  C
```

HORN
ÚTREIKNING
SMÍÐI
SKÝRINGARMYND
ÞVERMÁL
DÍSEL
DREIFING
ÁS
ORKA
BYGGING

NÚNING
STYRKUR
FLJÓTANDI
VÉL
MÆLING
MÓTOR
STANGIR
DÝPT
KNÝJA

77 - Comida #1

```
H  Z  M  H  V  Í  T  L  A  U  K  U  R  J  J
R  W  O  J  Þ  C  V  I  F  A  X  L  U  A
U  H  X  V  Ó  H  Q  N  J  Y  L  P  K  R
K  X  T  X  H  L  I  A  Y  N  M  C  Y  Ð
S  A  Ó  F  E  I  K  K  L  Ð  O  G  S  A
I  A  R  M  P  S  H  L  X  D  I  B  L  R
F  U  L  Y  E  A  W  E  X  B  Y  G  G  B
N  R  U  T  R  B  T  Þ  U  O  C  Y  Y  E
Ú  G  G  C  A  T  U  N  Ó  R  T  Í  S  R
T  A  N  Í  P  S  S  Æ  M  Y  N  T  U  S
L  A  U  K  U  R  Ú  P  G  S  K  E  F  A
S  V  F  K  V  D  P  A  I  L  Þ  Þ  I  L
U  R  E  A  B  S  A  F  X  G  O  K  W  A
Þ  Þ  H  J  S  Z  O  K  J  Ö  T  L  E  T
```

HVÍTLAUKUR   JARÐARBER
BASIL   SAFA
TÚNFISKUR   MJÓLK
SYKUR   SÍTRÓNU
KANIL   MYNTU
KJÖT   NÆPA
BYGG   PERA
LAUKUR   SALT
SALAT   SÚPA
SPÍNAT   GULRÓT

78 - Antigüedades

```
U  G  V  E  P  R  V  O  N  H  Z  G  S  S
R  P  L  I  N  X  A  R  O  Ö  O  A  K  K
Þ  Z  P  Æ  R  C  T  A  I  G  O  L  R  A
L  O  W  B  S  Ð  S  N  Ö  G  Ð  L  E  R
S  T  Í  L  O  I  I  S  L  M  M  E  Y  T
Y  Q  A  F  G  Ð  L  I  D  Y  Y  R  T  G
G  L  Ð  G  A  Æ  J  E  K  N  N  Í  I  R
E  F  X  Ð  M  G  E  R  G  D  T  O  N  I
D  C  X  A  A  A  W  R  E  U  A  B  G  P
V  E  R  Ð  L  G  H  U  K  N  R  S  A  I
V  Y  P  L  L  Þ  X  D  T  D  C  C  R  R
Á  R  A  T  U  G  I  N  A  E  G  F  G  Þ
H  Ú  S  G  Ö  G  N  E  C  P  S  R  N  Y
Z  Ð  Ó  V  E  N  J  U  L  E  G  T  E  F
```

LIST   SKARTGRIPIR
EKTA   MYNT
GÆÐI   HÚSGÖGN
SKREYTINGAR   VERÐ
ÁRATUGI   ENDURREISN
GLÆSILEGUR   ÖLD
HÖGGMYND   UPPBOÐ
STÍL   VIRÐI
GALLERÍ   GAMALL
ÓVENJULEGT

79 - Literatura

```
L  Í  K  I  N  G  A  R  Ð  G  Þ  Æ  H  L
H  A  R  M  L  E  I  K  U  R  N  V  Ö  G
J  P  Z  C  E  V  K  O  Þ  V  Y  I  F  N
D  R  U  P  A  K  S  D  L  Á  K  S  U  I
G  A  G  A  S  D  L  Á  K  S  O  A  N  S
U  M  R  Æ  Ð  U  S  J  I  F  P  G  D  Ý
E  Z  E  C  T  F  S  P  Ó  Z  Þ  A  U  L
Y  Ð  P  I  P  B  R  M  V  Ð  Ð  A  R  J
R  Í  M  Q  G  N  I  N  I  E  R  G  J  Ó
R  U  Ð  R  U  B  N  A  M  A  S  Æ  X  Ð
L  Í  T  S  Ö  G  U  M  A  Ð  U  R  N  Ð
T  B  I  K  M  Y  N  D  L  Í  K  I  N  G
X  O  W  R  A  M  E  Þ  U  X  M  L  O  M
S  A  A  Ð  A  T  S  R  U  Ð  I  N  M  F
```

LÍKINGAR   SKÁLDSKAPUR
GREINING   MYNDLÍKING
E.   SÖGUMAÐUR
HÖFUNDUR   SKÁLDSAGA
ÆVISAGA   LJÓÐ
SAMANBURÐUR   LJÓÐRÆN
NIÐURSTAÐA   RÍM
LÝSING   TAKTUR
UMRÆÐU   ÞEMA
STÍL   HARMLEIKUR

80 - Química

```
A O U Þ S S Ú R E F N I Þ E
Ð U D K R Ý R L Þ G R S N P
V I T L A S R J H I T A V Q
Z T I Ó H T H A E Ð G S I
V J D R I G V E Ð N G D Þ O
J Ó N N T G A G K A Ö N Y U
E J I T A L T P J T R I Y J
Ð J E Q S V I Þ A Ó B E A Þ
M O F R T E N E R J Ð M M O
H P A G I T F N N L I A Z O
Y D R C G N E S O F V S L N
M Á L M A I L Í R D O Ð V N
D D U P F B O M K F E W R J
K Ð S Ú R Q K N U L T E Z B
```

SÚR	JÓN
SÝRA	FLJÓTANDI
HITA	MÁLMA
KOLEFNI	SAMEIND
HVATI	KJARNORKU
KLÓR	SÚREFNI
RAFEIND	ÞYNGD
ENSÍM	VIÐBRÖGÐ
GAS	SALT
VETNI	HITASTIG

81 - Gobierno

```
L  G  P  J  B  F  I  K  Y  T  B  Q  L  S
J  A  I  A  R  O  R  U  Þ  Á  T  O  E  T
V  G  Q  F  É  K  R  Þ  P  K  O  I  I  J
O  R  I  N  T  Þ  U  G  L  N  Y  D  Ð  Ó
U  Ð  Æ  R  T  Ð  G  T  A  S  U  Ó  T  R
F  P  H  É  L  F  E  T  L  R  I  M  O  N
U  R  R  T  Æ  J  L  Q  Ý  Q  A  S  G  M
Þ  M  Z  T  T  G  Ð  E  Ð  D  T  L  I  Á
G  P  R  I  I  L  Ó  Þ  R  L  D  Ð  E  L
J  S  S  Æ  B  Y  J  Z  Æ  R  Í  K  I  G
M  Z  L  Þ  Ð  Y  Þ  F  Ð  Ó  J  Þ  L  E
J  R  V  P  Q  A  A  V  I  J  W  O  Ö  L
S  T  J  Ó  R  N  A  R  S  K  R  Á  G  S
R  É  T  T  I  N  D  I  M  Æ  D  M  U  U
```

BORGARALEG	DÓMS
STJÓRNARSKRÁ	RÉTTLÆTI
LÝÐRÆÐI	LÖG
RÉTTINDI	FRELSI
RÆÐU	LEIÐTOGI
UMRÆÐA	ÞJÓÐLEGUR
UMDÆMI	ÞJÓÐ
RÍKI	STJÓRNMÁL
JAFNRÉTTI	TÁKN

82 - Creatividad

```
Q N O J B K H I G N F O S D
H F R R A Z U N F B R R K R
M Y N D K Þ G N R F A S Ý A
G Æ P N W U M B U Q M T R M
R S T Ð V I Y L M L T Y L A
A I H U K W N Á L I Í R E T
D F V F N O D S E S Ð K I Í
T R A D H I I T G T A L K S
G E T X P Æ R U I R R E I K
Ð G V F N S F R E Æ S I W D
G N Í R A N H N E N Ý K N S
E R S D O N M V I N N I R I
S A N N G I L D I L R S X T
L F A R A N U D N Y M Í A Þ
```

LISTRÆNN   ÍMYNDUNARAFL
SANNGILDI   FAR
SKÝRLEIKI   INNBLÁSTUR
DRAMATÍSK   STYRKLEIKI
HVATVÍS   INNSÆI
SEGÐ   FRUMLEG
HÆFNI   ÆSIFREGN
HUGMYNDIR   FRAMTÍÐARSÝN
MYND   ORKU

83 - Clima

```
F T F E L L I B Y L U R T S
L R O K C N D M U R Þ A O T
Ó O X Ð J A N O S Z P L R J
Ð P S U H W N U F Q J O N Ó
G I T S A T I H G O D P A R
N C O N Y Í M U O E O Y D N
I A R V Þ S I H L Q U Ð O M
D L M I E R H H A Y O I Y Á
L N U C H Ð U V I N D U R L
E E R B P M U M M M K Z P O
K J U R A K R R U Þ U R R T
S M O N S Ú N M F R V T V D
M K V P O M T T Q A A I Y C
V L Ý Þ Ó K A V X D R F D J
```

STJÓRNMÁL
GOLA
HIMINN
VEÐURFAR
ÍS
FELLIBYLUR
FLÓÐ
MONSÚN
ÞÓKA
SKÝ

POLAR
ELDING
ÞURRT
ÞURRKAR
HITASTIG
STORMUR
TORNADO
TROPICAL
ÞRUMUR
VINDUR

84 - Comida #2

```
N C X V H R Í S G R J Ó N B
J H I Í R E L L E S Q F Y A
K B U N R U G N I L K Ú J K
E G G B L I T I E V H F Þ X
K R J E A B V S B A N A N I
A Í D R A Z H L O J R E B K
K L V B R A U Ð T Q J S W I
X Þ H Í F L Ð Ð T Ó Ð Z E R
S Ó L B L Ó M Þ D S M D M S
S Ú K K U L A Ð I M I A C U
J Ó G Ú R T G M Ö N L U T B
E G G A L D I N A Q P H U E
E N G I F E R M H S E Z M R
A R T I H O K E U R Y D Ð Q
```

ARTIHOKE	KÍVÍ
MÖNLU	EPLI
SELLERÍ	BRAUÐ
HRÍSGRJÓN	BANANI
EGGALDIN	KJÚKLINGUR
KIRSUBER	OSTUR
SÚKKULAÐI	TÓMAT
SÓLBLÓM	HVEITI
EGG	VÍNBER
ENGIFER	JÓGÚRT

85 - Arte

```
S  Þ  N  U  Q  B  U  D  K  P  T  H  I  L
K  Ú  K  X  F  Y  K  S  Q  F  W  E  U  J
E  S  R  U  T  S  Á  L  B  N  N  I  Ð  Ó
R  E  E  R  C  Q  E  N  W  K  Z  Ð  I  Ð
A  G  V  U  E  Ð  I  L  H  Á  P  A  K  S
M  Ð  L  O  O  A  B  A  Z  T  C  R  Ó  E
I  K  Á  K  U  A  L  Z  U  H  L  L  L  F
K  J  M  W  S  D  I  I  T  F  Ý  E  F  N
S  J  Ó  N  R  Æ  N  L  S  K  S  G  B  I
H  Ö  G  G  M  Y  N  D  M  M  A  U  X  X
S  A  M  S  E  T  N  I  N  G  I  R  D  W
O  R  I  G  I  N  L  E  G  T  M  Y  N  D
P  E  R  S  Ó  N  U  L  E  G  T  O  Z  T
I  T  O  E  I  N  F  A  L  T  Ð  I  Q  A
```

KERAMIK	PERSÓNULEGT
FLÓKIÐ	MÁLVERK
SAMSETNING	LJÓÐ
HÖGGMYND	LÝSA
SEGÐ	EINFALT
MYND	TÁKN
HEIÐARLEGUR	SÚRREALISMI
SKAP	EFNI
INNBLÁSTUR	SJÓNRÆN
ORIGINLEGT	

86 - Diplomacia

```
R  É  T  T  L  Æ  T  I  B  I  Á  S  I  T
S  S  I  Ð  F  R  Æ  Ð  I  V  L  A  O  U
R  A  S  Á  T  T  M  Á  L  I  Y  M  I  N
Í  R  M  W  J  Z  A  L  I  A  K  S  M  G
K  R  I  F  A  J  G  Ð  Á  R  T  T  U  U
I  E  Ð  Á  É  K  C  R  Æ  Ö  U  A  D  M
S  H  Æ  A  T  L  P  L  K  R  N  R  N  Á
S  I  R  C  A  Ö  A  G  H  Y  M  F  E  L
T  D  N  Y  T  I  K  G  F  G  F  U  L  E
J  N  N  L  A  U  S  N  X  G  P  C  R  P
Ó  E  A  P  O  O  Ð  Á  R  I  D  N  E  S
R  S  M  D  I  P  L  O  M  A  T  I  C  N
N  E  U  V  S  T  J  Ó  R  N  M  Á  L  Z
F  B  H  E  I  L  I  N  D  I  L  K  J  W
```

RÁÐGJAFI	RÍKISSTJÓRN
SAMFÉLAG	MANNRÆÐI
ÁTÖK	TUNGUMÁL
SAMSTARF	HEILINDI
DIPLOMATIC	RÉTTLÆTI
UMRÆÐA	STJÓRNMÁL
SENDIRÁÐ	ÁLYKTUN
SENDIHERRA	ÖRYGGI
ERLENDUM	LAUSN
SIÐFRÆÐI	SÁTTMÁLI

87 - Herbistería

```
E  R  Ó  S  M  A  R  Í  N  M  O  Þ  P  L
F  U  S  S  A  J  S  Z  P  Y  N  C  L  O
N  Ð  W  T  R  L  X  A  N  E  O  R  A  F
I  R  Z  Z  O  E  Q  C  F  X  G  B  N  N
Ð  A  I  W  J  S  B  W  A  F  A  Ð  T  A
Æ  G  S  G  R  N  F  L  T  Y  R  G  A  R
G  A  H  W  A  I  G  E  Ó  H  T  A  T  B
A  Þ  T  E  M  E  D  P  N  M  S  R  N  L
F  Þ  M  O  J  T  J  K  L  N  E  B  Æ  Ó
L  O  Y  N  Z  S  D  I  L  L  E  G  R  M
I  D  N  A  M  L  I  X  U  P  K  L  G  E
S  X  T  M  A  T  R  E  I  Ð  S  L  U  B
A  N  U  H  V  Í  T  L  A  U  K  U  R  Z
B  H  S  V  Y  G  Ð  Ð  B  I  E  O  F  S
```

HVÍTLAUKUR	EFNI
BASIL	GARÐUR
ILMANDI	LOFNARBLÓM
SAFFRAN	MARJORAM
GÆÐI	MYNTU
MATREIÐSLU	STEINSELJA
DILL	PLANTA
ESTRAGON	RÓSMARÍN
BLÓM	BRAGÐ
FENNEL	GRÆNT

88 - Energía

```
R  U  Ð  A  N  Ð  I  V  S  O  M  G  K  P
V  A  U  N  K  O  L  E  F  N  I  U  Ð  D
C  E  F  R  T  Ð  U  U  Þ  U  T  F  S  N
U  J  T  M  Y  O  P  P  E  G  Y  U  R  I
U  U  Ð  N  A  Z  M  N  R  N  E  S  Þ  E
K  M  F  L  I  G  B  H  O  E  N  Q  F  S
R  O  T  Ó  M  Þ  N  U  N  M  S  N  Z  Ó
O  A  Ð  I  E  R  Ó  S  Ð  Ð  D  W  H  J
N  I  F  B  E  N  S  Í  N  T  L  S  Ó  L
R  G  B  H  Þ  Ð  O  D  N  I  E  F  A  R
A  D  A  S  L  V  I  N  D  U  R  H  U  B
J  G  E  L  N  A  J  Ý  N  R  U  D  N  E
K  H  I  T  A  K  Ð  D  Í  S  E  L  B  U
D  Q  Z  K  Z  R  X  A  N  Í  B  R  Ú  T
```

RAFHLAÐA	BENSÍN
HITA	VETNI
KOLEFNI	IÐNAÐUR
ELDSNEYTI	MÓTOR
MENGUN	KJARNORKU
DÍSEL	ENDURNÝJANLEG
RAFEIND	SÓL
RAFMAGNS	TÚRBÍNA
ÓREIÐA	GUFU
LJÓSEIND	VINDUR

89 - Insectos

```
F E N G I S P R E T T U R H
B L G E I T U N G U R A O O
U Í U I C K E M A U R Q R R
L A X G G R A S K Ú L A M N
S I K K A L A K K A K C U E
F E J A Y D P E F L Ð M R T
B L B Z D E L U I L I R V A
N O Ó T Z L Ö M Ð A C S W Ð
Z X N G A A N A R J I R Y Ð
F R Í P U R T N I B C T P A
O G Z J K K U T L F A F B A
L U U L L T L I D K D A E E
L U M M N I Ú S I N A V N O
S G A K G I S T E R M I T E
```

BÍ
GEITUNGUR
HORNET
PLÖNTULÚS
CICADA
KAKKALAKKI
BJALLA
ORMUR
MAUR
ENGISPRETTUR

LIRVA
MANTIS
FIÐRILDI
FRÍPUR
FLUGA
MÖL
FLÓ
GRASKÚLA
TERMITE

90 - Especias

```
X  S  A  L  R  U  K  U  A  L  T  Í  V  H
N  A  N  K  Ú  Ð  G  A  R  B  L  E  G  P
O  F  Í  Ð  S  M  J  F  N  Y  A  N  N  A
P  F  S  Þ  X  T  E  Q  Þ  I  S  G  E  P
Ý  R  R  A  K  E  D  W  B  Y  L  I  G  R
V  A  M  Ú  S  K  A  T  B  O  C  F  U  I
A  N  Z  E  Í  N  A  S  H  I  K  E  L  K
N  Y  H  J  R  O  U  O  B  H  T  R  L  A
I  B  M  Þ  K  P  I  P  A  R  D  U  E  M
L  M  X  Z  K  Ú  Q  J  O  F  T  W  R  I
L  Q  M  J  A  Y  M  S  R  I  B  Ð  U  S
U  K  A  Y  L  M  L  E  N  N  E  F  T  Þ
R  Z  W  P  G  I  K  S  N  L  Y  S  Æ  T
L  A  U  K  U  R  M  J  Y  D  M  S  S  T
```

SÚR	SÆTUR
HVÍTLAUKUR	FENNEL
BITUR	ENGIFER
ANÍS	MÚSKAT
SAFFRAN	PAPRIKA
KANIL	PIPAR
LAUKUR	LAKKRÍS
NEGULL	BRAGÐ
KÚMEN	SALT
KARRÝ	VANILLU

91 - Emociones

```
E  Đ  N  R  F  I  L  S  M  Y  E  A  V  S
Z  C  E  E  W  Y  E  Æ  B  Q  Þ  F  A  U
F  R  N  I  Z  L  I  L  B  R  V  S  N  Z
G  B  Q  Đ  Z  Þ  Đ  A  A  Q  Á  L  D  C
Þ  J  Đ  I  F  G  I  O  F  S  S  A  R  E
L  É  T  T  I  R  N  Đ  Þ  G  T  P  Æ  K
E  S  T  N  D  O  D  V  A  L  G  P  Đ  P
G  F  N  T  N  S  I  Đ  K  E  Æ  A  A  Z
Ó  R  N  W  N  E  Q  N  K  Đ  N  Đ  L  A
Đ  E  Đ  I  L  Y  P  C  L  I  L  U  E  Y
V  Ó  T  T  I  O  V  S  Á  K  L  R  G  I
I  I  Þ  I  P  S  G  Z  T  C  U  D  U  P
L  F  R  I  Đ  U  R  N  U  F  F  Đ  R  F
D  S  A  M  Ú  Đ  U  O  R  G  G  I  Þ  B
```

LEIÐINDI
ÞAKKLÁTUR
GLEÐI
LÉTTIR
ÁST
VANDRÆÐALEGUR
SÆLA
GÓÐVILD
LOGN
EFNI

SPENNT
REIÐI
ÓTTI
FRIÐUR
AFSLAPPAÐUR
FULLNÆGT
SAMÚÐ
EYMSLI
RÓ
SORG

92 - Universo

```
H  M  S  K  Þ  M  B  K  M  S  O  P  C  T
I  U  Z  P  E  G  Q  X  G  Y  L  T  M  U
M  Ð  O  Y  O  F  N  O  G  D  R  L  H  N
N  Á  T  N  Q  R  S  B  D  Ý  Z  K  G  G
E  R  U  Y  R  J  B  U  C  R  B  G  U  L
T  G  E  L  N  Ý  S  R  Z  I  B  A  S  R
I  R  G  J  A  S  B  Ð  A  R  M  L  Ó  N
D  A  I  M  L  R  J  Þ  Z  U  Q  A  L  O
Ð  D  Þ  A  F  A  O  Ó  M  T  T  X  C  C
Y  G  E  O  N  Ð  E  T  N  Z  H  Y  W  I
B  N  W  X  F  R  U  G  U  A  B  Ð  I  M
M  E  Ð  E  T  A  F  Q  O  B  U  I  P  S
I  L  D  X  F  J  F  Ð  Z  C  G  K  R  O
B  R  E  I  D  D  H  I  M  I  N  N  I  C
```

HIMNETI	LENGDARGRÁÐU
HIMINN	TUNGL
COSMIC	MYRKUR
MIÐBAUGUR	SPORBRAUT
EON	SÓL
GALAXY	SJÓNAUKI
JARÐAR	SÝNLEGT
BREIDD	DÝRIR

93 - Jazz

```
L  I  S  T  A  M  A  Ð  U  R  T  T  T  L
D  Í  L  C  T  R  O  Z  S  U  Æ  E  R  A
Þ  U  T  Ö  L  P  P  S  M  G  K  G  O  G
I  A  L  S  R  E  H  Á  G  Æ  N  U  M  T
E  F  T  I  R  L  Æ  T  I  R  I  N  M  A
A  X  Ð  N  Þ  E  L  J  I  F  I  D  U  K
O  E  T  U  A  Y  L  T  W  B  K  Þ  R  T
N  G  T  P  I  M  A  P  Ó  K  I  E  B  U
Þ  Ý  F  S  Þ  Ð  M  F  A  N  E  N  M  R
P  Q  T  E  J  R  A  K  I  E  L  N  Ó  T
G  M  D  T  V  T  G  O  U  T  I  I  P  C
S  A  M  S  E  T  N  I  N  G  F  L  S  C
T  Ó  N  S  K  Á  L  D  T  B  Æ  N  L  T
H  L  J  Ó  M  S  V  E  I  T  H  D  V  E
```

LISTAMAÐUR	TEGUND
PLÖTU	SPUNI
LAG	TÓNLIST
SAMSETNING	NÝTT
TÓNSKÁLD	HLJÓMSVEIT
TÓNLEIKAR	TAKTUR
STÍL	HÆFILEIKI
ÁHERSLA	TROMMUR
FRÆGUR	TÆKNI
EFTIRLÆTI	GAMALL

94 - Mediciones

```
W B G R A M M Z Ð W A A U K
T Æ A L A L S B O X H G D Í
O T K B R E I Ð Ð G N E L L
M I W Í I G Ð K V Ú Y D H Ó
M D X Q L G V A N P N E Æ A
U F Ð G Æ Ó Þ Y N G D S Ð U
L P Ð P M J M I A D Q J A K
L Í T R I Ð N E A C Ð M Ð A
R Þ P R T E M I T N E S Á S
M V Ý X Z B P L Ú R C S R T
P E D Þ L I V E N O A D G A
N Y S C V N B P Í C V R P F
K G T S G D B P M Þ Q R W E
X A X V I I T O N N O O Z S
```

HÆÐ	LENGD
BREIDD	MESSI
BÆTI	MÆLIR
SENTIMETR	MÍNÚTA
AUKASTAF	ÚNSA
GRÁÐA	ÞYNGD
GRAMM	DÝPT
KÍLÓ	TOMMU
KÍLÓMETRA	TONN
LÍTRI	BINDI

95 - Barcos

```
S W T J M S O K R E I P I X
U J K K E N S K Ð P T X K E
L M Ó A N N A M Ó J S Y E Z
B K J M T I R E K K A E L F
O Ð S G A D Þ H D A Q Ð F M
X T B O V Ð L A P N J U C O
Z G S G U I U F Á D B A W Q
V K X V Ð S R R A H M W K O
V R P W Ö X Ö U A B Ö C C K
V I G Z T P J D D M C F E A
M K E Þ S L F L É V V W N N
M A S T U R L Ö F E R J A Ó
V Ð Ð Z N A L K B M Y O K I
P S E G L B Á T U R E V I R
```

AKKERI	SJÓMAÐUR
FLEKI	MASTUR
BAU	VÉL
KANÓ	SJÓMANNA
REIPI	HAF
FERJA	ÖLDUR
KAJAK	RIVER
STÖÐUVATN	ÁHÖFN
SJÓ	SEGLBÁTUR
FJÖRU	SNEKKJU

96 - Antártida

```
E  S  P  R  V  Z  T  V  A  J  K  E  V  H
Y  T  Z  Ý  O  E  W  G  Y  L  I  Þ  Í  I
J  E  Y  K  C  O  R  A  L  G  U  F  S  T
A  I  S  S  J  N  T  N  T  A  V  D  I  A
R  N  I  Ð  Æ  R  F  A  D  N  A  L  N  S
D  E  G  Í  W  I  C  F  K  U  Y  A  D  T
V  F  A  D  S  N  O  M  F  F  N  O  L  I
O  N  K  V  R  K  V  I  R  L  W  O  E  G
E  I  S  I  H  Ó  E  F  V  T  Ó  Z  G  E
M  X  G  A  L  S  D  N  A  L  C  I  T  K
F  Z  R  U  G  N  A  Ð  I  E  L  Y  Ð  F
V  G  C  Þ  Q  N  Á  L  F  U  N  N  I  K
Q  U  K  K  R  A  L  K  Ö  J  B  G  H  Z
F  G  D  X  N  R  I  S  Æ  G  R  Ö  M  V
```

VATN	RANNSÓKNIR
FLÓI	EYJAR
VÍSINDLEGT	STEINEFNI
VERNDUN	SKÝ
ÁLFUNNI	FUGLAR
COVE	SKAGI
LEIÐANGUR	MÖRGÆSIR
LANDAFRÆÐI	ROCKY
JÖKLAR	HITASTIG
ÍS	LANDSLAG

97 - Mamíferos

```
Ú  K  X  L  O  A  H  D  N  I  K  A  R  T
L  E  Ð  X  A  Y  T  U  I  A  I  Þ  Ð  T
F  N  R  Ö  J  B  S  Y  N  C  U  I  K  K
U  G  U  Q  I  L  J  J  S  D  L  T  Ö  A
R  Ú  F  V  G  Þ  D  D  A  I  U  W  T  N
I  R  E  T  G  Ó  R  I  L  L  A  R  T  Í
F  A  R  H  E  S  T  U  R  J  L  H  U  N
F  Í  L  M  Ú  L  F  A  L  D  A  V  R  A
A  V  L  K  O  Þ  P  H  G  Z  X  A  G  H
R  U  G  N  U  R  F  Ö  H  E  Q  L  H  B
Í  B  X  E  Y  Y  Z  B  Y  B  V  U  B  B
G  M  Þ  O  B  E  M  W  G  R  Þ  R  X  S
S  R  T  M  R  F  H  W  U  A  U  A  P  P
S  L  É  T  T  U  Ú  L  F  U  R  J  U  Y
```

HVALUR	KÖTTUR
ASNI	GÓRILLA
HESTUR	GÍRAFFI
ÚLFALDA	ÚLFUR
KENGÚRA	API
ZEBRA	BJÖRN
KANÍNA	KIND
SLÉTTUÚLFUR	HUNDUR
HÖFRUNGUR	NAUT
FÍL	REFUR

98 - Boxeo

```
B A R D A G A M A Ð U R T G
B O X O L H G D C S U K Ó F
U Ú D M U N O Ó T U E R Ö D
M B I L E E B M L L F Q K H
S Ó Z N I F N A U D A N W R
T B T A N I L R H A N S K A
Y J S M F M O I H G E P R K
R A P F Æ J S F A R H N E R
K L A L H L L Í K A M I I E
U L R J B X A I I W J L P V
R A K Ó A Y L N T Þ Q Þ I Á
G F A T T F C R D N R G D L
R Ð O U A I Z O G I T S H J
A X I R H K L H I R Q P T B
```

DÓMARI	HANSKA
HÖKU	HÆFNI
BJALLA	ÁVERKAR
FÓKUS	BARDAGAMAÐUR
OLNBOGA	MÓTMÆLANDI
REIPI	SPARKA
LÍKAMI	STIG
HORN	HNEFI
BÚINN	FLJÓTUR
STYRKUR	BATA

99 - Abejas

```
M F V B Á B L Ó M U Q T N B
T J Æ V Ý V G C K I F P E L
P Ö N Z A F Ö W T W M L H Ó
F L G X D X L X U Y P Ö U M
R B I D V V P U T H B N N S
J R F R Æ V U N G U M T A T
Ó E S K O R D Ý R N R U N R
K Y Q J B U Y N L L A R G A
O T I Y D Ð W A B Ó E B W C
R N F I F R E K T S I V Ú X
N I B U I A R E Y K U R Q U
M A T U R G N I N T T O R D
W G X K V I K G A G N L E G
B W S T K S N R Þ N D Y K X
```

VÆNGI
GAGNLEG
VAX
BÝFLUGNABÚ
MATUR
FJÖLBREYTNI
VISTKERFI
KVIK
BLÓMSTRA
BLÓM

ÁVÖXTUR
REYKUR
SKORDÝR
GARÐUR
HUNANG
PLÖNTUR
FRJÓKORN
FRÆVUN
DROTTNING
SÓL

100 - Psicología

```
V I T S M U N I B Á G Y O J
H K P J R K Ó T A Á H M A Y
Æ S I F R E G N R T T R A Þ
H Í J D C G E U N I V Ö I T
U N Þ Ð H I D J Æ L A X K F
G Í H V D N H N S F N A I A
M L F T I Q Q Y K I D P E W
Y K R L I L Y K A N A U L Þ
N U Ð G E H F S O N M F U O
D R E Y N S L U B I Á R R Z
I M E Ð F E R Ð W N L C E P
R I N A S G U H Y G K Þ V H
M I N N I N G A R A T W L X
O X L R R A M U A R D L X E
```

KLÍNÍSK	ÁHRIF
VITSMUNI	HUGSANIR
HEGÐUN	SKYNJUN
ÁTÖK	VANDAMÁL
EGÓ	VERULEIKI
TILFINNINGAR	MINNINGAR
MAT	ÆSIFREGN
REYNSLU	DRAUMAR
HUGMYNDIR	MEÐFERÐ
BARNÆSKA	

1 - Ajedrez

2 - Agua

3 - Arqueología

4 - Granja #2

5 - La Empresa

6 - Aviones

7 - Tipos de Cabello

8 - Ciencia Ficción

9 - Circo

10 - Granja #1

11 - Camping

12 - Fruta

13 - Geología

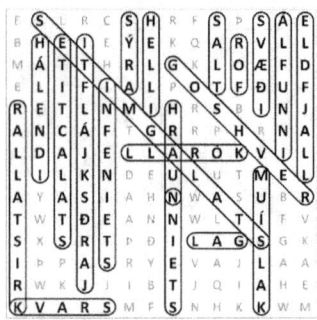

14 - Álgebra

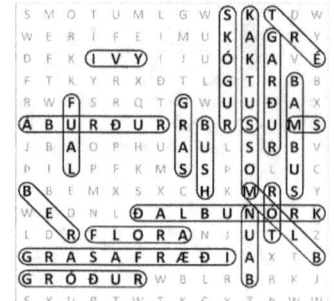

15 - Plantas

16 - Suministros de Arte

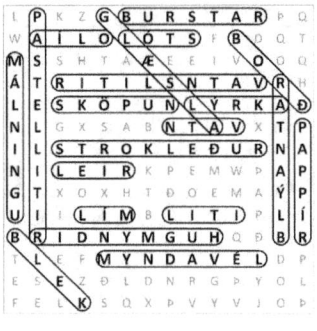

17 - Negocio

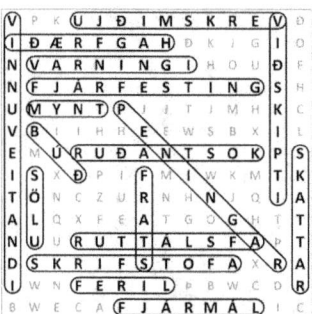

18 - Jardín

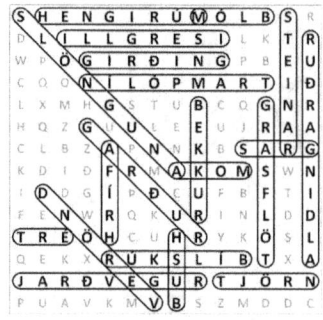

19 - Países #2

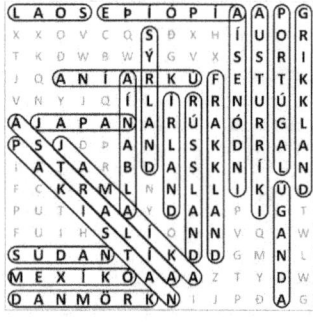

20 - Números

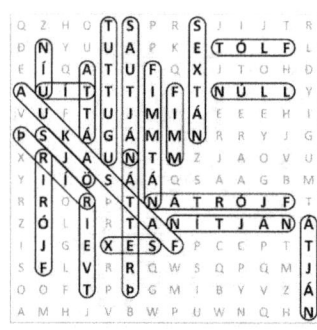

21 - Física

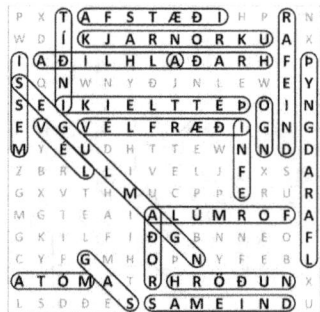

22 - Belleza

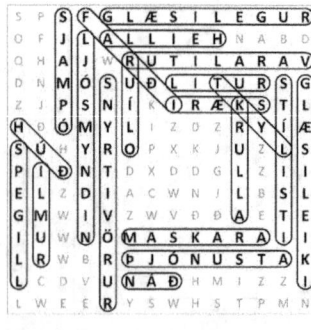

23 - Países #1

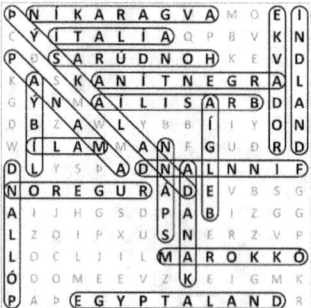

24 - Mitología

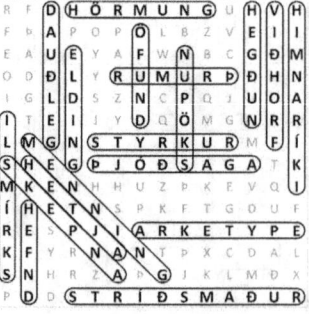

25 - Casa

26 - Artes Visuales

27 - Salud y Bienestar #2

28 - Selva Tropical

29 - Colores

30 - Adjetivos #1

31 - Familia

32 - Disciplinas Científicas

33 - Cocina

34 - Moda

35 - Electricidad

36 - Salud y Bienestar #1

37 - Adjetivos #2

38 - Cuerpo Humano

39 - Restaurante #2

40 - Profesiones #1

41 - Vehículos

42 - Geometría

43 - Matemáticas

44 - Senderismo

45 - Naturaleza

46 - Conduciendo

47 - Ballet

48 - Fuerza y Gravedad

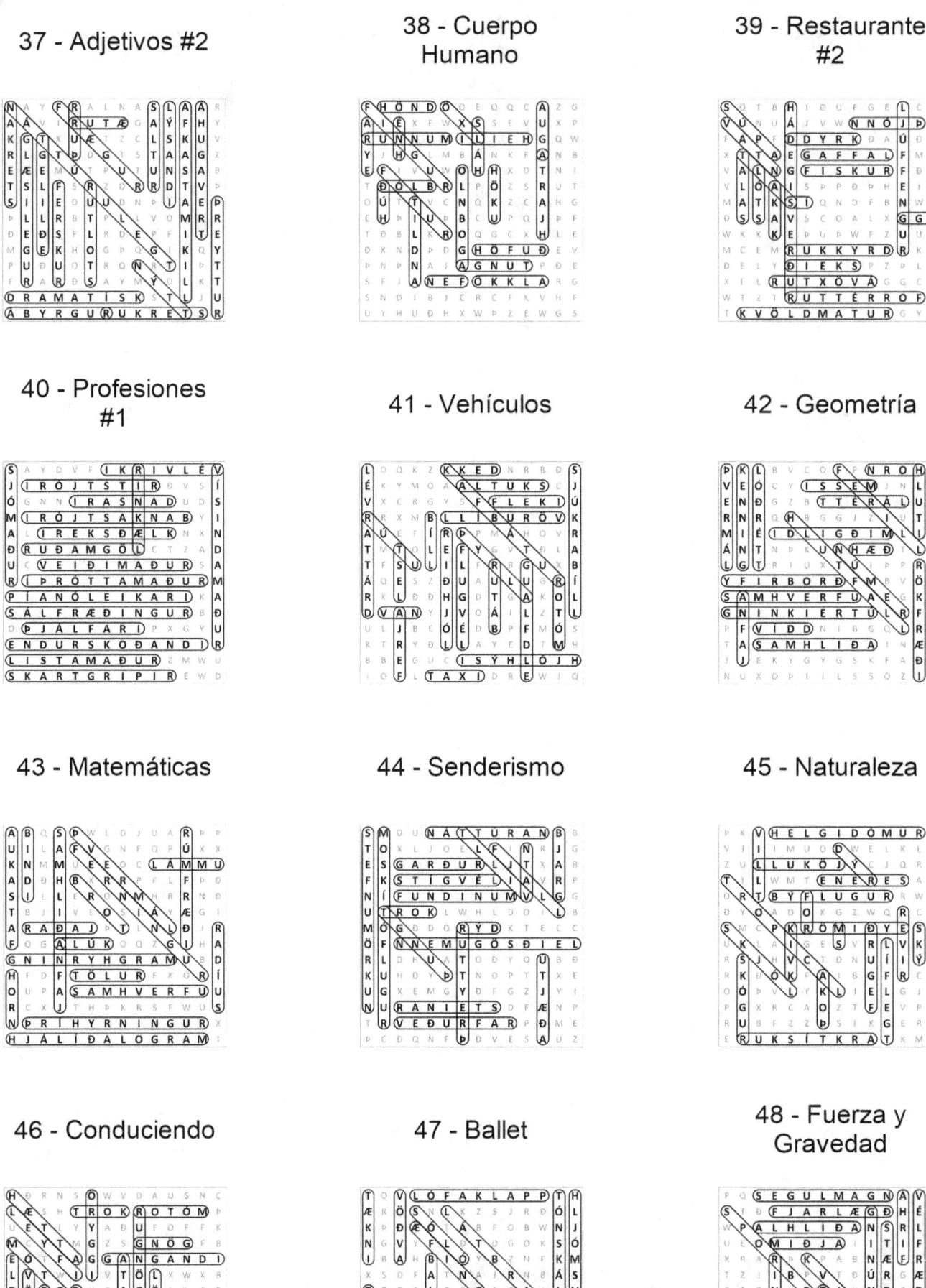

49 - Aventura

50 - Pájaros

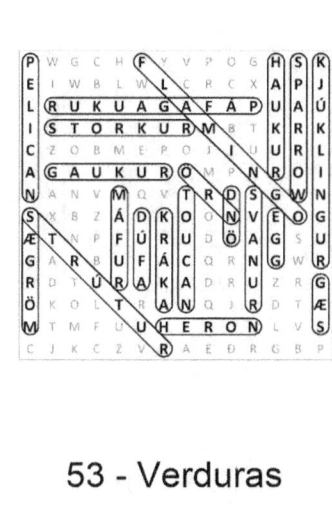

51 - Geografía

52 - Actividades

53 - Verduras

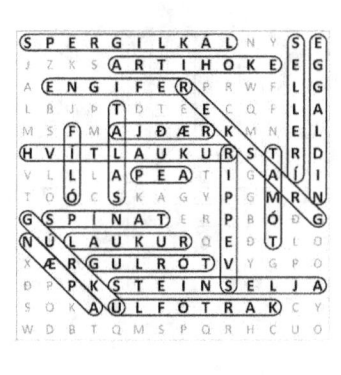

54 - Instrumentos Musicales

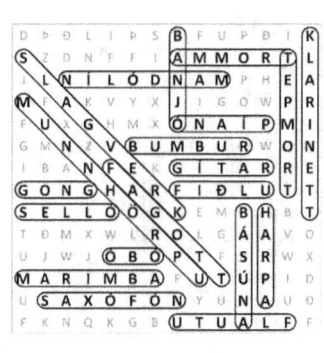

55 - Mascotas

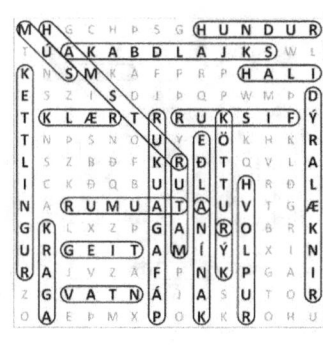

56 - Formas

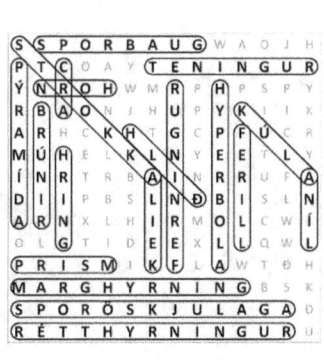

57 - Flores

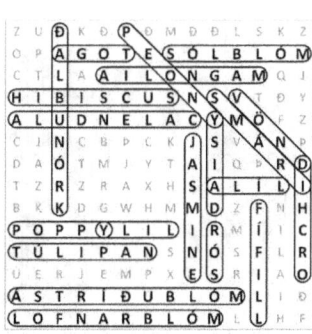

58 - Astronomía

59 - Tiempo

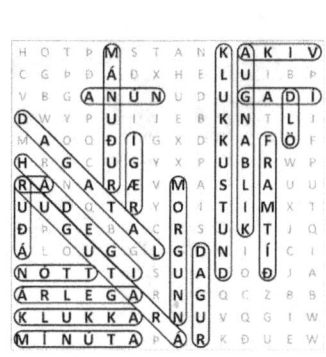

60 - Paisajes

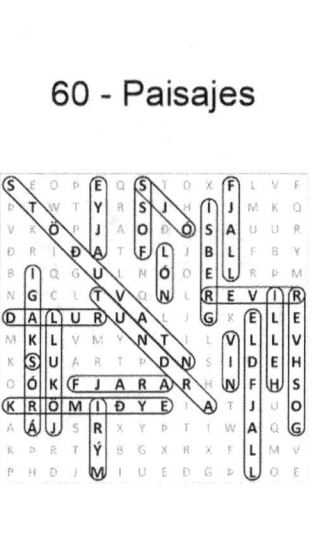

61 - Días y Meses

62 - Jardinería

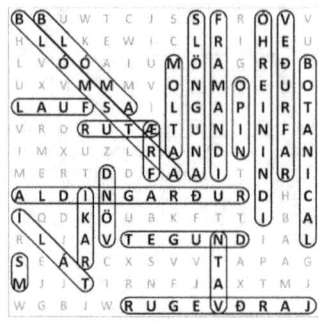

63 - Chocolate

64 - Barbacoas

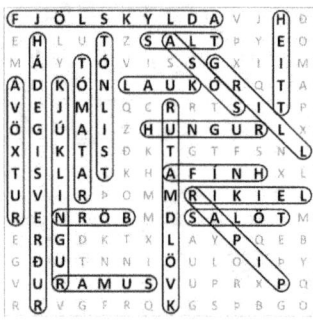

65 - Ropa

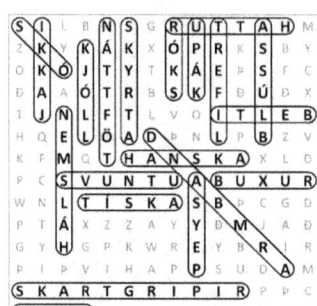

66 - Meditación

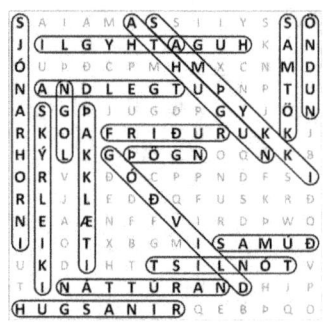

67 - Café

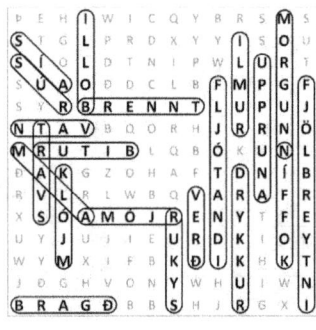

68 - Libros

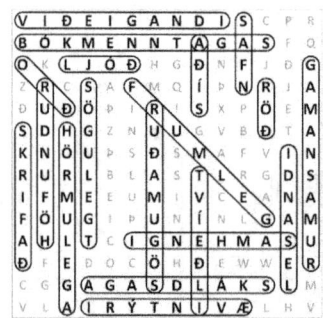

69 - Los Medios de Comunicación

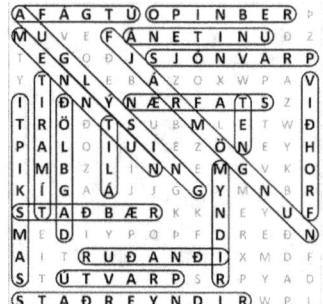

70 - Nutrición

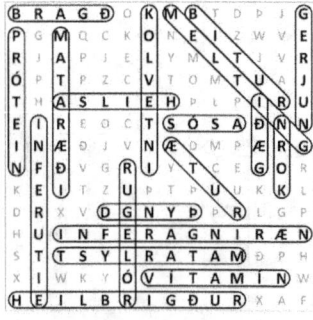

71 - Edificios

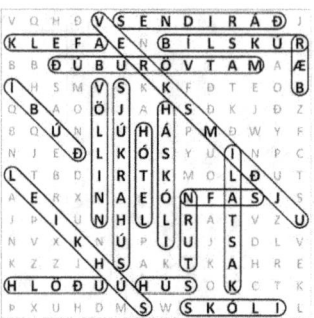

72 - Océano

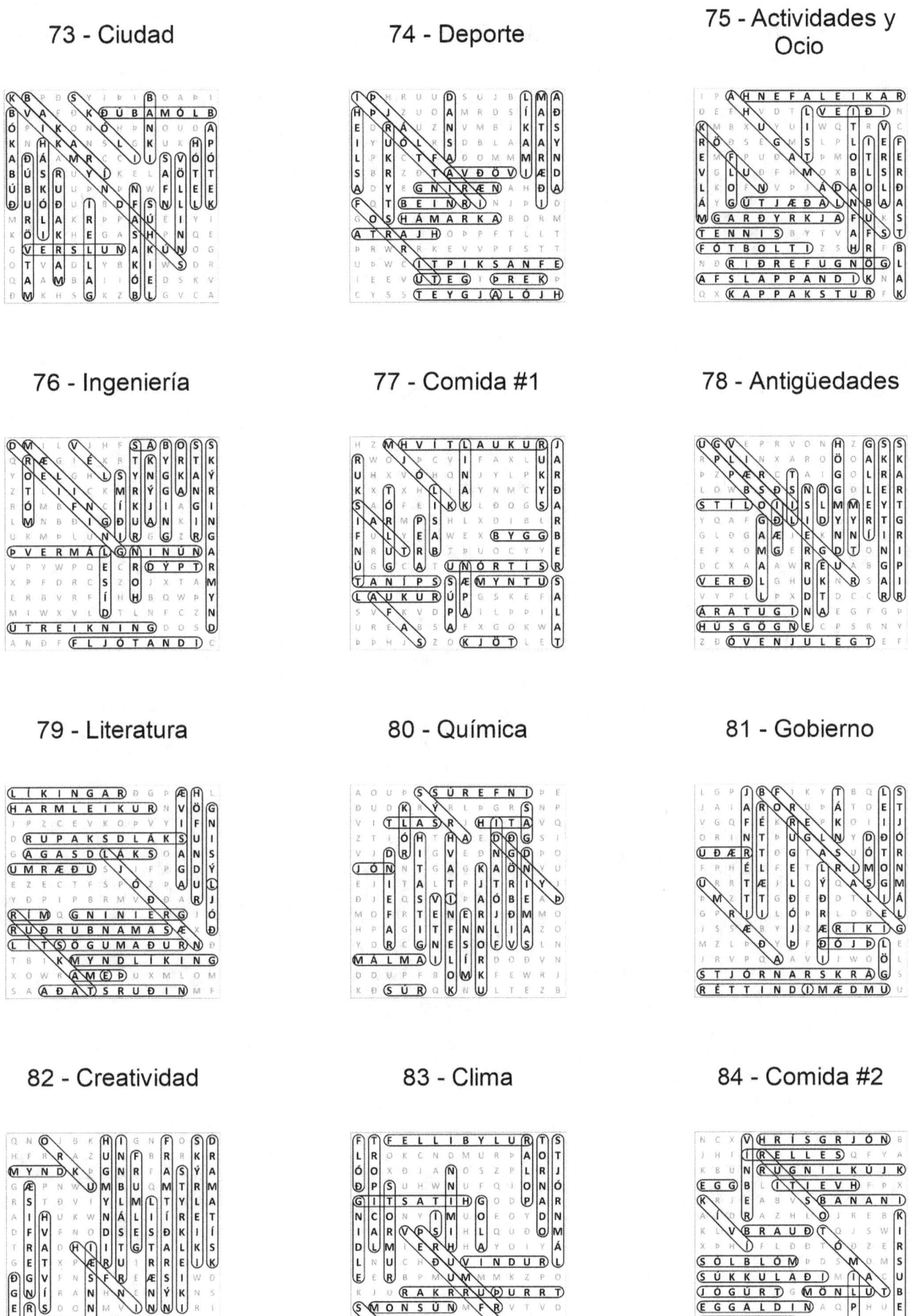

73 - Ciudad

74 - Deporte

75 - Actividades y Ocio

76 - Ingeniería

77 - Comida #1

78 - Antigüedades

79 - Literatura

80 - Química

81 - Gobierno

82 - Creatividad

83 - Clima

84 - Comida #2

85 - Arte

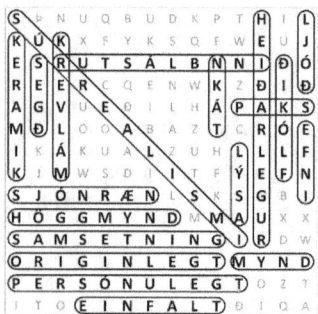

86 - Diplomacia

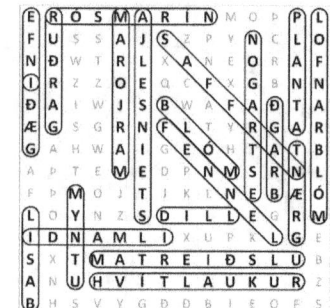

87 - Herboristería

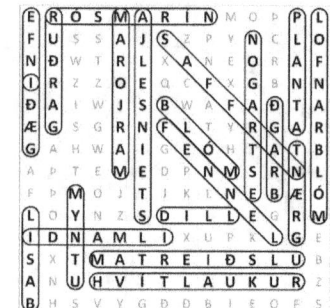

88 - Energía

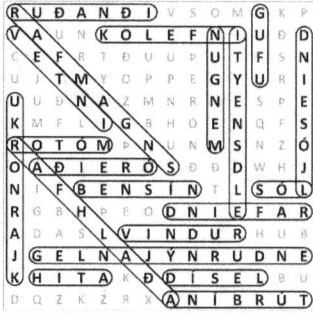

89 - Insectos

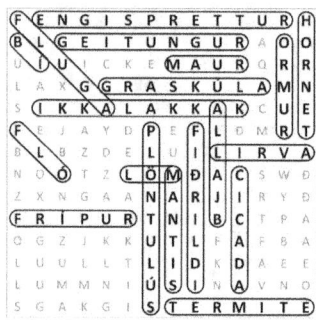

90 - Especias

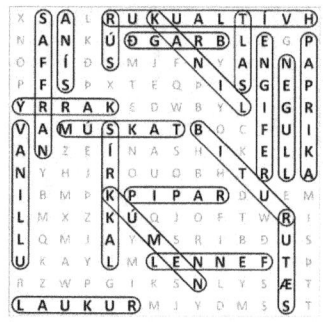

91 - Emociones

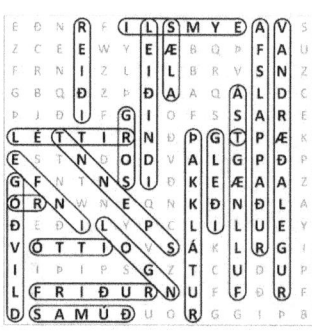

92 - Universo

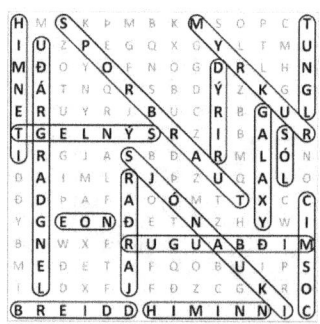

93 - Jazz

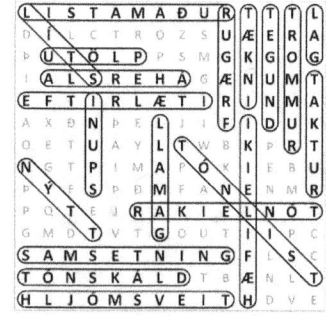

94 - Mediciones

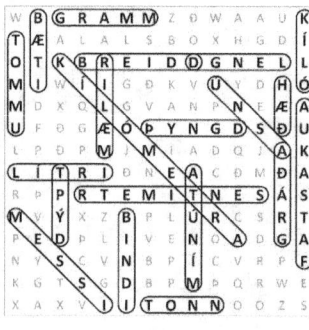

95 - Barcos

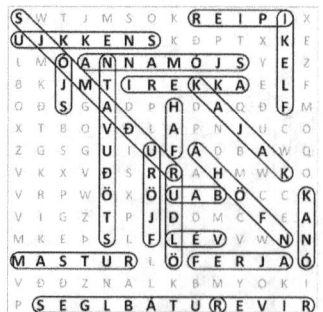

96 - Antártida

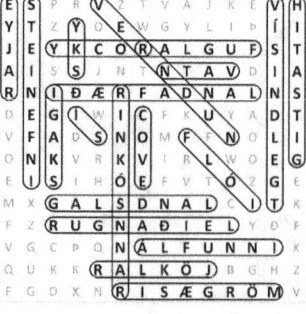

97 - Mamíferos

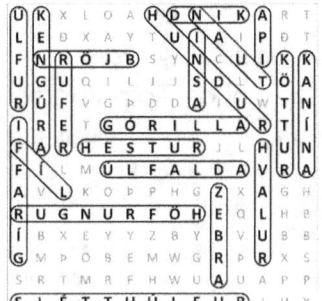

98 - Boxeo

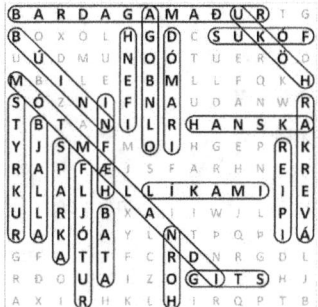

99 - Abejas

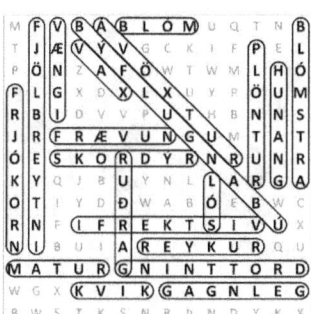

100 - Psicología

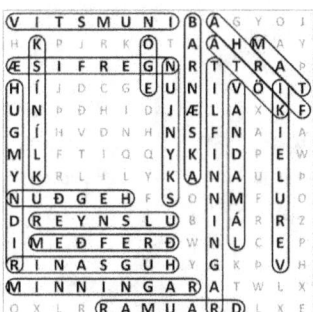

Diccionario

Abejas
Býflugur

Alas	Vængi
Beneficioso	Gagnleg
Cera	Vax
Colmena	Býflugnabú
Comida	Matur
Diversidad	Fjölbreytni
Ecosistema	Vistkerfi
Enjambre	Kvik
Flor	Blómstra
Flores	Blóm
Fruta	Ávöxtur
Humo	Reykur
Insecto	Skordýr
Jardín	Garður
Miel	Hunang
Plantas	Plöntur
Polen	Frjókorn
Polinizador	Frævun
Reina	Drottning
Sol	Sól

Actividades
Starfsemi

Actividad	Virkni
Arte	List
Artesanía	Handverk
Caza	Veiða
Cerámica	Keramik
Costura	Sauma
Fotografía	Ljósmyndun
Habilidad	Hæfni
Intereses	Áhugamál
Jardinería	Garðyrkja
Juegos	Leikir
Lectura	Lestur
Magia	Galdur
Ocio	Tímist
Pesca	Veiði
Pintura	Málverk
Placer	Ánægja
Relajación	Slökun
Rompecabezas	Þrautir
Senderismo	Gönguferðir

Actividades y Ocio
Starfsemi og Tómstundir

Aficiones	Áhugamál
Arte	List
Baloncesto	Körfubolti
Béisbol	Hafnabolti
Boxeo	Hnefaleikar
Buceo	Köfun
Camping	Útjæða
Carreras	Kappakstur
Compras	Versla
Fútbol	Fótbolti
Golf	Golf
Jardinería	Garðyrkja
Natación	Sund
Pesca	Veiði
Pintura	Málverk
Relajante	Afslappandi
Senderismo	Gönguferðir
Tenis	Tennis
Viaje	Ferðast
Voleibol	Blak

Adjetivos #1
Lýsingarorð #1

Absoluto	Alger
Activo	Virkur
Ambicioso	Metnaðarlegt
Aromático	Ilmandi
Atractivo	Aðlaðandi
Brillante	Björt
Enorme	Gríðarstór
Generoso	Örlátur
Grande	Stór
Honesto	Heiðarlegur
Importante	Mikilvægt
Inocente	Saklaus
Joven	Ungur
Lento	Hægt
Moderno	Nútíma
Oscuro	Myrkur
Perfecto	Fullkominn
Pesado	Þungt
Serio	Alvarlegt
Valioso	Dýrmætur

Adjetivos #2
Lýsingarorð #2

Cansado	Þreyttur
Comestible	Ætur
Creativo	Skapandi
Descriptivo	Lýsandi
Dramático	Dramatísk
Elegante	Glæsilegur
Famoso	Frægur
Fresco	Ferskur
Fuerte	Sterkur
Interesante	Áhugavert
Natural	Náttúrulegt
Normal	Eðlilegt
Nuevo	Nýtt
Orgulloso	Stoltur
Picante	Sterkan
Productivo	Afkastamikill
Responsable	Ábyrgur
Salado	Saltur
Saludable	Heilbrigður
Seco	Þurr

Agua
Vatni

Canal	Síkur
Ducha	Sturtu
Evaporación	Uppgufun
Géiser	Geysir
Helada	Frost
Hielo	Ís
Humedad	Raki
Huracán	Fellibylur
Húmedo	Rökum
Inundación	Flóð
Lago	Lake
Lluvia	Rigning
Monzón	Monsún
Nieve	Snjór
Océano	Haf
Olas	Öldur
Potable	Drykkjarhæft
Riego	Áveitu
Río	River
Vapor	Gufu

Ajedrez
Skák

Aprender	Að Læra
Blanco	Hvítur
Campeón	Meistari
Concurso	Keppni
Diagonal	Ská
Estrategia	Stefnu
Inteligente	Snjall
Juego	Leikur
Jugador	Leikmaður
Negro	Svart
Oponente	Mótmælandi
Pasivo	Aðgerðalaus
Puntos	Stig
Reglas	Reglur
Reina	Drottning
Rey	Konungur
Sacrificio	Fórn
Tiempo	Tími
Torneo	Mót

Antártida
Suðurskautslandið

Agua	Vatn
Bahía	Flói
Científico	Vísindlegt
Conservación	Verndun
Continente	Álfunni
Ensenada	Cove
Expedición	Leiðangur
Geografía	Landafræði
Glaciares	Jöklar
Hielo	Ís
Investigador	Rannsóknir
Islas	Eyjar
Minerales	Steinefni
Nubes	Ský
Pájaros	Fuglar
Península	Skagi
Pingüinos	Mörgæsir
Rocoso	Rocky
Temperatura	Hitastig
Topografía	Landslag

Antigüedades
Fornminjar

Arte	List
Auténtico	Ekta
Calidad	Gæði
Decorativo	Skreytingar
Décadas	Áratugi
Elegante	Glæsilegur
Escultura	Höggmynd
Estilo	Stíl
Galería	Gallerí
Inusual	Óvenjulegt
Inversión	Fjárfesting
Joyas	Skartgripir
Monedas	Mynt
Mueble	Húsgögn
Precio	Verð
Restauración	Endurreisn
Siglo	Öld
Subasta	Uppboð
Valor	Virði
Viejo	Gamall

Arqueología
Fornleifafræði

Análisis	Greining
Antigüedad	Fornöld
Años	Ár
Civilización	Siðmenning
Descendiente	Afkomandi
Desconocido	Óþekkt
Equipo	Lið
Era	Tímum
Evaluación	Mat
Experto	Sérfræðingur
Fragmentos	Brot
Huesos	Bein
Investigador	Rannsóknir
Misterio	Ráðgáta
Objetos	Hluti
Olvidado	Gleymt
Profesor	Prófessor
Reliquia	Minni
Templo	Temple
Tumba	Gröf

Arte
List

Cerámica	Keramik
Complejo	Flókið
Composición	Samsetning
Escultura	Höggmynd
Expresión	Segð
Figura	Mynd
Honesto	Heiðarlegur
Humor	Skap
Inspirado	Innblástur
Original	Originlegt
Personal	Persónulegt
Pinturas	Málverk
Poesía	Ljóð
Retratar	Lýsa
Sencillo	Einfalt
Símbolo	Tákn
Surrealismo	Súrrealismi
Tema	Efni
Visual	Sjónræn

Artes Visuales
Myndlist

Arcilla	Leir
Arquitectura	Arkitektúr
Artista	Listamaður
Barniz	Lakk
Caballete	Glæsla
Cera	Vax
Cerámica	Keramik
Composición	Samsetningu
Creatividad	Skráningu
Escultura	Höggmynd
Fotografía	Ljósmynd
Lápiz	Blýantur
Obra Maestra	Meistaraverk
Película	Kvikmynd
Perspectiva	Sjónarhorni
Pintura	Málverk
Plantilla	L
Pluma	Penni
Retrato	Portret
Tiza	Krít

Astronomía
Stjörnufræði

Asteroide	Smástirni
Astronauta	Geimfari
Cielo	Himinn
Cohete	Eldflaug
Constelación	Stjörnumerki
Cosmos	Cosmos
Eclipse	Myrkvi
Equinoccio	Equinox
Galaxia	Galaxy
Gravedad	Þyngdarafl
Luna	Tungl
Meteoro	Loftstein
Nebulosa	Þokka
Observatorio	Observatory
Planeta	Reikistjarna
Radiación	Geislun
Satélite	Gervitungl
Telescopio	Sjónauki
Tierra	Jörð
Universo	Alheimur

Aventura
Ævintýri

Actividad	Virkni
Alegría	Gleði
Amigos	Vinir
Belleza	Fegurð
Destino	Áfangastaður
Dificultad	Vandi
Entusiasmo	Eldmóð
Excursión	Skoðunarferð
Inusual	Óvenjulegt
Itinerario	Ferðaáætlun
Naturaleza	Náttúran
Navegación	Siglingar
Nuevo	Nýtt
Oportunidad	Tækifæri
Peligroso	Hættulegt
Preparación	Undirbúningur
Seguridad	Öryggi
Sorprendente	Á Óvart
Valentía	Hugrekki
Viajes	Ferðast

Aviones
Flugvélar

Aire	Loft
Altura	Hæð
Aterrizaje	Lending
Atmósfera	Stjórnmál
Aventura	Ævintýri
Cielo	Himinn
Combustible	Eldsneyti
Construcción	Smíði
Dirección	Stefnu
Diseño	Hönnun
Globo	Blöðru
Hélices	Skrúfur
Hidrógeno	Vetni
Historia	Saga
Motor	Vél
Navegar	Sigla
Pasajero	Farþegi
Piloto	Flugmaður
Tripulación	Áhöfn
Turbulencia	Ókyrrð

Álgebra
Algebru

Cantidad	Magn
Cero	Núll
Diagrama	Skýringarmynd
División	Deild
Ecuación	Jafna
Exponente	Veldisvísir
Factor	Þáttur
Falso	Rangt
Fórmula	Formúla
Fracción	Brot
Infinito	Óendanlega
Lineal	Línuleg
Matriz	Fylki
Número	Númer
Paréntesis	Sviga
Problema	Vandamál
Resta	Frádráttur
Simplificar	Einfalda
Solución	Lausn
Variable	Breyta

Ballet
Ballett

Agraciado	Tignarlegt
Aplauso	Lófaklapp
Artístico	Listrænn
Audiencia	Áhorfendur
Bailarina	Ballerína
Bailarines	Dansarar
Compositor	Tónskáld
Coreografía	Kóreógraf
Ensayo	Æfing
Estilo	Stíl
Expresivo	Svipmikill
Gesto	Látbragð
Habilidad	Hæfni
Intensidad	Styrkleiki
Músculos	Vöðva
Música	Tónlist
Orquesta	Hljómsveit
Ritmo	Taktur
Solo	Sóló
Técnica	Tækni

Barbacoas
Grillveislur

Almuerzo	Hádegisverður
Caliente	Heitt
Cebollas	Lauk
Cena	Kvöldmatur
Cuchillos	Hnífa
Ensaladas	Salöt
Familia	Fjölskylda
Fruta	Ávöxtur
Hambre	Hungur
Juegos	Leikir
Música	Tónlist
Niños	Börn
Parrilla	Grill
Pimienta	Pipar
Pollo	Kjúklingur
Sal	Salt
Salsa	Sósa
Tomates	Tómatar
Verano	Sumar
Verduras	Grænmeti

Barcos
Bátar

Ancla	Akkeri
Balsa	Fleki
Boya	Bau
Canoa	Kanó
Cuerda	Reipi
Ferry	Ferja
Kayak	Kajak
Lago	Stöðuvatn
Mar	Sjó
Marea	Fjöru
Marinero	Sjómaður
Mástil	Mastur
Motor	Vél
Náutico	Sjómanna
Océano	Haf
Olas	Öldur
Río	River
Tripulación	Áhöfn
Velero	Seglbátur
Yate	Snekkju

Belleza
Fegurð

Aceites	Olíur
Aroma	Lykt
Champú	Sjampó
Color	Litur
Cosméticos	Snyrtivörur
Elegancia	Glæsileiki
Elegante	Glæsilegur
Encanto	Heilla
Espejo	Spegill
Estilista	Stílisti
Fotogénico	Ljósmyndin
Fragancia	Ilmur
Gracia	Náð
Maquillaje	Farði
Piel	Húð
Pintalabios	Varalitur
Rizos	Krulla
Rímel	Maskara
Servicios	Þjónusta
Tijeras	Skæri

Boxeo
Hnefaleikar

Árbitro	Dómari
Barbilla	Höku
Campana	Bjalla
Centrar	Fókus
Codo	Olnboga
Cuerdas	Reipi
Cuerpo	Líkami
Esquina	Horn
Exhausto	Búinn
Fuerza	Styrkur
Guantes	Hanska
Habilidad	Hæfni
Lesiones	Áverkar
Luchador	Bardagamaður
Oponente	Mótmælandi
Patear	Sparka
Puntos	Stig
Puño	Hnefi
Rápido	Fljótur
Recuperación	Bata

Café
Kaffi

Agua	Vatn
Amargo	Bitur
Aroma	Ilmur
Asado	Brennt
Azúcar	Sykur
Ácido	Súr
Bebida	Drykkur
Cafeína	Koffín
Crema	Rjóma
Filtro	Sía
Leche	Mjólk
Líquido	Fljótandi
Mañana	Morgunn
Moler	Mala
Negro	Svart
Origen	Uppruna
Precio	Verð
Sabor	Bragð
Taza	Bolli
Variedad	Fjölbreytni

Camping
Tjaldstæði

Animales	Dýr
Aventura	Ævintýri
Árboles	Tré
Bosque	Skógur
Brújula	Áttavita
Cabina	Klefa
Canoa	Kanó
Caza	Veiða
Cuerda	Reipi
Equipo	Búnaður
Fuego	Eldur
Hamaca	Hengirúm
Insecto	Skordýr
Lago	Stöðuvatn
Linterna	Lukt
Luna	Tungl
Mapa	Kort
Montaña	Fjall
Naturaleza	Náttúran
Sombrero	Hattur

Casa
Húsið

Alfombra	Gólfmotta
Ático	Háaloftinu
Biblioteca	Bókasafn
Chimenea	Arinn
Cocina	Eldhús
Dormitorio	Svefnherbergi
Ducha	Sturtu
Escoba	Kústur
Espejo	Spegill
Garaje	Bílskúr
Grifo	Brann
Jardín	Garður
Lámpara	Lampi
Pared	Vegg
Piso	Hæð
Puerta	Hurð
Sótano	Kjallari
Techo	Þak
Valla	Girðing
Ventana	Gluggi

Chocolate
Súkkulaði

Amargo	Bitur
Antioxidante	Andoxunarefni
Aroma	Ilmur
Artesanal	Handverk
Azúcar	Sykur
Cacahuetes	Hnetum
Cacao	Kakó
Calidad	Gæði
Calorías	Hitaeiningar
Caramelo	Karamella
Coco	Kókoshneta
Comer	Að Borða
Delicioso	Ljúffengur
Dulce	Sætur
Exótico	Framandi
Favorito	Uppáhalds
Gusto	Bragð
Ingrediente	Efni
Polvo	Duft
Receta	Uppskrift

Ciencia Ficción
Vísindaskáldskapur

Atómico	Lotukerfinu
Cine	Kvikmyndahús
Distante	Fjarlæg
Escenario	Atburðarás
Explosión	Sprenging
Extremo	Extreme
Fantástico	Frábær
Fuego	Eldur
Galaxia	Galaxy
Ilusión	Blekking
Imaginario	Ímyndað
Libros	Bækur
Misterioso	Dularfullur
Mundo	Heimur
Oráculo	Véfrétt
Planeta	Reikistjarna
Realista	Raunhæft
Robots	Vélmenni
Tecnología	Tækni
Utopía	Útópía

Circo
Sirkus

Acróbata	Acrobat
Animales	Dýr
Caramelo	Nammi
Carpa	Tjald
Desfile	Skrúðganga
Elefante	Fíl
Entretener	Skemmta
Espectador	Áhorfandi
Globos	Blöðrur
León	Ljón
Magia	Galdur
Mago	Töframaður
Malabarista	Júgler
Mono	Api
Mostrar	Sýna
Música	Tónlist
Payaso	Trúður
Tigre	Tiger
Traje	Búningur
Truco	Bragð

Ciudad
Bærinn

Aeropuerto	Flugvöllur
Banco	Banki
Biblioteca	Bókasafn
Cine	Kvikmyndahús
Escuela	Skóli
Estadio	Völlinn
Farmacia	Apótek
Florista	Blómabúð
Galería	Gallerí
Hotel	Hótel
Librería	Bókabúð
Mercado	Markaður
Museo	Safn
Panadería	Bakarí
Salón	Snyrtistofa
Supermercado	Matvörubúð
Teatro	Leikhús
Tienda	Verslun
Universidad	Háskóli
Zoo	Dýragarður

Clima
Veður

Atmósfera	Stjórnmál
Brisa	Gola
Cielo	Himinn
Clima	Veðurfar
Hielo	Ís
Huracán	Fellibylur
Inundación	Flóð
Monzón	Monsún
Niebla	Þóka
Nube	Ský
Polar	Polar
Rayo	Elding
Seco	Þurrt
Sequía	Þurrkar
Temperatura	Hitastig
Tormenta	Stormur
Tornado	Tornado
Tropical	Tropical
Trueno	Þrumur
Viento	Vindur

Cocina
Eldhús

Caldera	Ketill
Comer	Að Borða
Comida	Matur
Congelador	Frysti
Cucharas	Skeiðar
Cucharón	Ausa
Cuchillos	Hnífa
Delantal	Svuntu
Especias	Krydd
Esponja	Svampur
Horno	Ofn
Jarra	Könnu
Palillos	Pinnar
Parrilla	Grill
Receta	Uppskrift
Refrigerador	Ísskápur
Servilleta	Servíetta
Tazas	Bolla
Tazón	Skál
Tenedores	Forks

Colores
Litir

Amarillo	Gulur
Azul	Blár
Azur	Aftur
Beige	Beige
Blanco	Hvítur
Cian	Blágrænn
Fucsia	Fuchsia
Gris	Grár
Índigo	Indigo
Magenta	Magenta
Marrón	Brúnt
Naranja	Appelsína
Negro	Svart
Púrpura	Fjólublár
Rojo	Rauður
Rosa	Bleikur
Sepia	Sepia
Verde	Grænt
Violeta	Fjóla

Comida #1
Matur #1

Ajo	Hvítlaukur
Albahaca	Basil
Atún	Túnfiskur
Azúcar	Sykur
Canela	Kanil
Carne	Kjöt
Cebada	Bygg
Cebolla	Laukur
Ensalada	Salat
Espinacas	Spínat
Fresa	Jarðarber
Jugo	Safa
Leche	Mjólk
Limón	Sítrónu
Menta	Myntu
Nabo	Næpa
Pera	Pera
Sal	Salt
Sopa	Súpa
Zanahoria	Gulrót

Comida #2
Matur #2

Alcachofa	Artihoke
Almendra	Mönlu
Apio	Sellerí
Arroz	Hrísgrjón
Berenjena	Eggaldin
Cereza	Kirsuber
Chocolate	Súkkulaði
Girasol	Sólblóm
Huevo	Egg
Jengibre	Engifer
Kiwi	Kíví
Manzana	Epli
Pan	Brauð
Plátano	Banani
Pollo	Kjúklingur
Queso	Ostur
Tomate	Tómat
Trigo	Hveiti
Uva	Vínber
Yogur	Jógúrt

Conduciendo
Akstur

Accidente	Slys
Calle	Gata
Camión	Vörubíll
Coche	Bíll
Combustible	Eldsneyti
Frenos	Bremsur
Garaje	Bílskúr
Gas	Gas
Licencia	Leyfi
Mapa	Kort
Motocicleta	Mótorhjól
Motor	Mótor
Peatonal	Gangandi
Peligro	Hætta
Policía	Lögreglan
Seguridad	Öryggi
Transporte	Samgöngur
Tráfico	Umferð
Túnel	Göng
Velocidad	Hraði

Creatividad
Sköpunargáfu

Artístico	Listrænn
Autenticidad	Sanngildi
Claridad	Skýrleiki
Dramático	Dramatísk
Emociones	Tilfinningar
Espontáneo	Hvatvís
Expresión	Segð
Habilidad	Hæfni
Ideas	Hugmyndir
Imagen	Mynd
Imaginación	Ímyndunarafl
Impresión	Far
Inspiración	Innblástur
Intensidad	Styrkleiki
Intuición	Innsæi
Inventivo	Frumleg
Sensación	Æsifregn
Visiones	Framtíðarsýn
Vitalidad	Orku

Cuerpo Humano
Mannslíkaminn

Barbilla	Höku
Boca	Munnur
Cabeza	Höfuð
Cara	Andlit
Cerebro	Heili
Codo	Olnboga
Corazón	Hjarta
Cuello	Háls
Dedo	Fingur
Hombro	Öxl
Lengua	Tunga
Mano	Hönd
Nariz	Nef
Ojo	Auga
Oreja	Eyra
Piel	Húð
Pierna	Fótur
Rodilla	Hné
Sangre	Blóð
Tobillo	Ökkla

Deporte
Íþrótt

Atleta	Íþróttamaður
Baile	Dansa
Capacidad	Getu
Cardiovascular	Hjarta
Ciclismo	Hjóla
Cuerpo	Líkami
Deportes	Íþróttir
Dieta	Mataræði
Entrenador	Þjálfari
Estiramiento	Teygja
Fuerza	Styrkur
Huesos	Bein
Maximizar	Hámarka
Metabólico	Efnaskipti
Músculos	Vöðva
Nadar	Að Synda
Nutrición	Næring
Programa	Forrit
Resistencia	Þrek
Salud	Heilsa

Diplomacia
Samningaviðræðum

Asesor	Ráðgjafi
Comunidad	Samfélag
Conflicto	Átök
Cooperación	Samstarf
Diplomático	Diplomatic
Discusión	Umræða
Embajada	Sendiráð
Embajador	Sendiherra
Extranjero	Erlendum
Ética	Siðfræði
Gobierno	Ríkisstjórn
Humanitario	Mannræði
Idiomas	Tungumál
Integridad	Heilindi
Justicia	Réttlæti
Política	Stjórnmál
Resolución	Ályktun
Seguridad	Öryggi
Solución	Lausn
Tratado	Sáttmáli

Disciplinas Científicas
Vísindalegum Greinum

Anatomía	Líffærafræði
Astronomía	Stjörnufræði
Biología	Líffræði
Bioquímica	Lífefnafræði
Botánica	Grasafræði
Ecología	Vistfræði
Fisiología	Lífeðlisfræði
Geología	Jarðfræði
Inmunología	Ónæmisfræði
Lingüística	Málvísindi
Mecánica	Vélfræði
Meteorología	Veðurfræði
Mineralogía	Steindafræði
Neurología	Taugafræði
Nutrición	Næring
Psicología	Sálfræði
Química	Efnafræði
Sociología	Félagsfræði
Termodinámica	Varmafræði
Zoología	Dýrafræði

Días y Meses
Dagar og Mánuðir

Abril	Apríl
Agosto	Ágúst
Año	Ár
Calendario	Dagatal
Domingo	Sunnudagur
Enero	Janúar
Febrero	Febrúar
Jueves	Fimmtudagur
Julio	Júlí
Junio	Júní
Lunes	Mánudagur
Martes	Þriðjudagur
Mes	Mánuður
Miércoles	Miðvikudagur
Noviembre	Nóvember
Octubre	Október
Sábado	Laugardagur
Semana	Vika
Septiembre	September
Viernes	Föstudagur

Edificios
Byggingar

Apartamento	Íbúð
Cabina	Klefa
Casa	Hús
Castillo	Kastali
Cine	Kvikmyndahús
Embajada	Sendiráð
Escuela	Skóli
Estadio	Völlinn
Fábrica	Verksmiðju
Garaje	Bílskúr
Granero	Hlöðu
Granja	Bær
Hospital	Sjúkrahús
Hotel	Hótel
Museo	Safn
Observatorio	Observatory
Supermercado	Matvörubúð
Teatro	Leikhús
Torre	Turn
Universidad	Háskóli

Electricidad
Rafmagn

Almacenamiento	Geymsla
Batería	Rafhlaða
Bombilla	Peru
Cable	Kabel
Cables	Vír
Cantidad	Magn
Electricista	Rafvirki
Eléctrico	Rafmagns
Enchufe	Innstunga
Equipo	Búnaður
Generador	Rafall
Imán	Segull
Lámpara	Lampi
Láser	Leysir
Negativo	Mínus
Objetos	Hluti
Positivo	Jákvætt
Red	Net
Televisión	Sjónvarp
Teléfono	Sími

Emociones
Tilfinningar

Aburrimiento	Leiðindi
Agradecido	Þakklátur
Alegría	Gleði
Alivio	Léttir
Amor	Ást
Avergonzado	Vandræðalegur
Beatitud	Sæla
Bondad	Góðvild
Calma	Logn
Contenido	Efni
Emocionado	Spennt
Ira	Reiði
Miedo	Ótti
Paz	Friður
Relajado	Afslappaður
Satisfecho	Fullnægt
Simpatía	Samúð
Ternura	Eymsli
Tranquilidad	Ró
Tristeza	Sorg

Energía
Orka

Batería	Rafhlaða
Calor	Hita
Carbono	Kolefni
Combustible	Eldsneyti
Contaminación	Mengun
Diesel	Dísel
Electrón	Rafeind
Eléctrico	Rafmagns
Entropía	Óreiða
Fotón	Ljóseind
Gasolina	Bensín
Hidrógeno	Vetni
Industria	Iðnaður
Motor	Mótor
Nuclear	Kjarnorku
Renovable	Endurnýjanleg
Sol	Sól
Turbina	Túrbína
Vapor	Gufu
Viento	Vindur

Especias
Krydd

Agrio	Súr
Ajo	Hvítlaukur
Amargo	Bitur
Anís	Anís
Azafrán	Saffran
Canela	Kanil
Cebolla	Laukur
Clavo	Negull
Comino	Kúmen
Curry	Karrý
Dulce	Sætur
Hinojo	Fennel
Jengibre	Engifer
Nuez Moscada	Múskat
Pimentón	Paprika
Pimienta	Pipar
Regaliz	Lakkrís
Sabor	Bragð
Sal	Salt
Vainilla	Vanillu

Familia
Fjölskylda

Abuela	Amma
Abuelo	Afi
Antepasado	Forfaðir
Esposa	Eiginkona
Gemelos	Tvíburar
Hermana	Systir
Hermano	Bróðir
Hija	Dóttir
Infancia	Barnæska
Madre	Móðir
Marido	Eiginmaður
Materno	Móður
Nieto	Barnabarn
Niño	Barn
Niños	Börn
Padre	Faðir
Paterno	Ingar
Sobrino	Frændi
Tía	Frænka
Tío	Frændi

Física
Eðlisfræði

Aceleración	Hröðun
Átomo	Atóm
Caos	Roða
Densidad	Þéttleiki
Electrón	Rafeind
Fórmula	Formúla
Frecuencia	Tíðni
Gas	Gas
Gravedad	Þyngdarafl
Magnetismo	Segulmagn
Masa	Messi
Mecánica	Vélfræði
Molécula	Sameind
Motor	Vél
Nuclear	Kjarnorku
Partícula	Ögn
Químico	Efni
Relatividad	Afstæði
Universal	Alhliða
Velocidad	Hraða

Flores
Blóm

Amapola	Poppy
Caléndula	Calendula
Diente de León	Fífill
Gardenia	Toga
Girasol	Sólblóm
Hibisco	Hibiscus
Jazmín	Jasmine
Lavanda	Lofnarblóm
Lila	Líla
Lirio	Lily
Magnolia	Magnolia
Margarita	Daisy
Orquídea	Orchid
Pasionaria	Ástríðublóm
Peonía	Peony
Pétalo	Krónublað
Ramo	Vönd
Rosa	Rós
Trébol	Smári
Tulipán	Túlipan

Formas
Form

Arco	Arc
Bordes	Brúnir
Cilindro	Strokka
Círculo	Hring
Cono	Keila
Cuadrado	Ferningur
Cubo	Teningur
Curva	Ferill
Elipse	Sporbaug
Esfera	Kúla
Esquina	Horn
Hipérbola	Hyperbola
Lado	Hlið
Línea	Lína
Oval	Sporöskjulaga
Pirámide	Pýramída
Polígono	Marghyrning
Prisma	Prism
Rectángulo	Rétthyrningur
Triángulo	Þríhyrningur

Fruta
Ávextir

Aguacate	Avókadó
Albaricoque	Apríkósa
Baya	Ber
Cereza	Kirsuber
Coco	Kókoshneta
Frambuesa	Hindberjum
Guayaba	Guava
Kiwi	Kíví
Limón	Sítrónu
Mango	Mangó
Manzana	Epli
Melocotón	Ferskja
Melón	Melóna
Naranja	Appelsína
Nectarina	Nectarine
Papaya	Papaya
Pera	Pera
Piña	Ananas
Plátano	Banani
Uva	Vínber

Fuerza y Gravedad
Kraftur og Þyngdarafl

Centro	Miðja
Descubrimiento	Uppgötvun
Dinámico	Kvik
Distancia	Fjarlægð
Eje	Ás
Expansión	Stækkun
Física	Eðlisfræði
Fricción	Núning
Impacto	Áhrif
Magnetismo	Segulmagn
Magnitud	Stærð
Mecánica	Vélfræði
Movimiento	Hreyfing
Órbita	Sporbraut
Peso	Þyngd
Presión	Þrýstingur
Propiedades	Eignir
Tiempo	Tími
Universal	Alhliða
Velocidad	Hraði

Geografía
Landafræði

Altitud	Hæð
Atlas	Atlas
Ciudad	Borg
Continente	Álfunni
Hemisferio	Jarðar
Isla	Eyja
Latitud	Breidd
Longitud	Lengdargráðu
Mapa	Kort
Mar	Sjó
Meridiano	Meridian
Montaña	Fjall
Mundo	Heimur
Norte	Norður
Oeste	Vestur
País	Land
Región	Svæði
Río	River
Sur	Suður
Territorio	Yfirráðasvæði

Geología
Jarðfræði

Ácido	Sýra
Calcio	Kalsíum
Capa	Lag
Caverna	Helli
Continente	Álfunni
Coral	Kórall
Cristales	Kristallar
Cuarzo	Kvars
Erosión	Rof
Estalactita	Stalactite
Estalagmitas	Stalagmites
Géiser	Goshver
Lava	Hraun
Meseta	Hálendi
Minerales	Steinefni
Piedra	Steinn
Sal	Salt
Terremoto	Jarðskjálfti
Volcán	Eldfjall
Zona	Svæði

Geometría
Rúmfræði

Altura	Hæð
Ángulo	Horn
Cálculo	Útreikning
Curva	Ferill
Diámetro	Þvermál
Dimensión	Vídd
Ecuación	Jafna
Horizontal	Lárétt
Lógica	Rökfræði
Masa	Messi
Mediana	Miðgildi
Número	Númer
Paralelo	Samhliða
Proporción	Hlutfall
Segmento	Hluti
Simetría	Samhverfu
Superficie	Yfirborð
Teoría	Kenning
Triángulo	Þríhyrningur
Vertical	Lóðrétt

Gobierno
Ríkisstjórn

Civil	Borgaraleg
Constitución	Stjórnarskrá
Democracia	Lýðræði
Derechos	Réttindi
Discurso	Ræðu
Discusión	Umræða
Distrito	Umdæmi
Estado	Ríki
Igualdad	Jafnrétti
Independencia	Sjálfstæði
Judicial	Dóms
Justicia	Réttlæti
Ley	Lög
Libertad	Frelsi
Líder	Leiðtogi
Monumento	Minnismerki
Nacional	Þjóðlegur
Nación	Þjóð
Política	Stjórnmál
Símbolo	Tákn

Granja #1
Bær #1

Abeja	Bí
Agricultura	Landbúnaður
Agua	Vatn
Arroz	Hrísgrjón
Burro	Asni
Caballo	Hestur
Cabra	Geit
Campo	Engi
Cuervo	Kráka
Fertilizante	Áburður
Gato	Köttur
Heno	Hey
Miel	Hunang
Perro	Hundur
Pollo	Kjúklingur
Semillas	Fræ
Ternero	Kálfur
Tierra	Land
Vaca	Kýr
Valla	Girðing

Granja #2
Bær #2

Agricultor	Bóndi
Animales	Dýr
Cebada	Bygg
Colmena	Býflugnabú
Comida	Matur
Cordero	Lamb
Fruta	Ávöxtur
Granero	Hlöðu
Huerto	Aldingarður
Leche	Mjólk
Llama	Lamadýr
Maíz	Korn
Oveja	Kind
Pastor	Hirðir
Pato	Önd
Prado	Engi
Riego	Áveitu
Tractor	Dráttarvél
Trigo	Hveiti
Vegetal	Grænmeti

Herboristería
Grasalækningar

Ajo	Hvítlaukur
Albahaca	Basil
Aromático	Ilmandi
Azafrán	Saffran
Calidad	Gæði
Culinario	Matreiðslu
Eneldo	Dill
Estragón	Estragon
Flor	Blóm
Hinojo	Fennel
Ingrediente	Efni
Jardín	Garður
Lavanda	Lofnarblóm
Mejorana	Marjoram
Menta	Myntu
Perejil	Steinselja
Planta	Planta
Romero	Rósmarín
Sabor	Bragð
Verde	Grænt

Ingeniería
Verkfræði

Ángulo	Horn
Cálculo	Útreikning
Construcción	Smíði
Diagrama	Skýringarmynd
Diámetro	Þvermál
Diesel	Dísel
Distribución	Dreifing
Eje	Ás
Energía	Orka
Estabilidad	Stöðugleiki
Estructura	Bygging
Fricción	Núning
Fuerza	Styrkur
Líquido	Fljótandi
Máquina	Vél
Medición	Mæling
Motor	Mótor
Palancas	Stangir
Profundidad	Dýpt
Propulsión	Knýja

Insectos
Skordýr

Abeja	Bí
Avispa	Geitungur
Avispón	Hornet
Áfido	Plöntulús
Cigarra	Cicada
Cucaracha	Kakkalakki
Escarabajo	Bjalla
Gusano	Ormur
Hormiga	Maur
Langosta	Engisprettur
Larva	Lirva
Libélula	Dragonfly
Mantis	Mantis
Mariposa	Fiðrildi
Mariquita	Frípur
Mosquito	Fluga
Polilla	Möl
Pulga	Fló
Saltamontes	Graskúla
Termita	Termite

Instrumentos Musicales
Hljóðfæri

Armónica	Munnhörpu
Arpa	Harpa
Banjo	Banjó
Clarinete	Klarinett
Fagot	Fagott
Flauta	Flautu
Gong	Gong
Guitarra	Gítar
Mandolina	Mandólín
Marimba	Marimba
Oboe	Óbó
Pandereta	Bumbur
Percusión	Slagverk
Piano	Píanó
Saxofón	Saxófón
Tambor	Tromma
Trombón	Básúna
Trompeta	Trompet
Violín	Fiðlu
Violonchelo	Selló

Jardinería
Garðyrkja

Agua	Vatn
Botánico	Botanical
Clima	Veðurfar
Comestible	Ætur
Compost	Molta
Contenedor	Ílát
Especie	Tegund
Estacional	Opin
Exótico	Framandi
Flor	Blómstra
Floral	Blóma
Follaje	Sm
Hoja	Lauf
Huerto	Aldingarður
Humedad	Raki
Manguera	Slönguna
Ramo	Vönd
Semillas	Fræ
Suciedad	Óhreinindi
Suelo	Jarðvegur

Jardín
Garðinum

Arbusto	Bush
Árbol	Tré
Banco	Bekkur
Césped	Grasflöt
Estanque	Tjörn
Flor	Blóm
Garaje	Bílskúr
Hamaca	Hengirúm
Hierba	Gras
Huerto	Aldingarður
Jardín	Garður
Malezas	Illgresi
Manguera	Slönguna
Pala	Moka
Rastrillo	Hrífa
Rocas	Steinar
Suelo	Jarðvegur
Terraza	Verönd
Trampolín	Trampólín
Valla	Girðing

Jazz
Djass

Artista	Listamaður
Álbum	Plötu
Canción	Lag
Composición	Samsetning
Compositor	Tónskáld
Concierto	Tónleikar
Estilo	Stíl
Énfasis	Áhersla
Famoso	Frægur
Favoritos	Eftirlæti
Género	Tegund
Improvisación	Spuni
Música	Tónlist
Nuevo	Nýtt
Orquesta	Hljómsveit
Ritmo	Taktur
Talento	Hæfileiki
Tambores	Trommur
Técnica	Tækni
Viejo	Gamall

La Empresa
Fyrirtæklð

Calidad	Gæði
Creativo	Skapandi
Decisión	Ákvörðun
Empleo	Atvinna
Global	Alþjóðlegt
Industria	Iðnaður
Ingresos	Tekjur
Innovador	Nýjar
Inversión	Fjárfesting
Negocio	Viðskipti
Posibilidad	Möguleika
Presentación	Kynning
Producto	Vöru
Profesional	Faglegur
Progreso	Framfarir
Recursos	Auðlindir
Reputación	Orðspor
Riesgos	Áhætta
Tendencias	Þróun
Unidades	Einingar

Libros
Bækur

Autor	Höfundur
Aventura	Ævintýri
Colección	Safn
Contexto	Samhengi
Dualidad	Tvíeðli
Escrito	Skrifað
Historia	Saga
Histórico	Sögulegt
Humorístico	Gamansamur
Inventivo	Frumleg
Lector	Lesandi
Literario	Bókmennta
Narrador	Sögumaður
Novela	Skáldsaga
Palabras	Orð
Página	Síða
Pertinente	Viðeigandi
Poema	Ljóð
Serie	Röð
Trágico	Hörmulega

Literatura
Bókmenntir

Analogía	Líkingar
Análisis	Greining
Anécdota	E.
Autor	Höfundur
Biografía	Ævisaga
Comparación	Samanburður
Conclusión	Niðurstaða
Descripción	Lýsing
Diálogo	Umræðu
Estilo	Stíl
Ficción	Skáldskapur
Metáfora	Myndlíking
Narrador	Sögumaður
Novela	Skáldsaga
Poema	Ljóð
Poético	Ljóðræn
Rima	Rím
Ritmo	Taktur
Tema	Þema
Tragedia	Harmleikur

Los Medios de Comunicación
Fjölmiðlarnir

Actitudes	Viðhorf
Comercial	Auglýsing
Comunicación	Samskipti
Digital	Stafræn
Edición	Útgáfa
Educación	Menntun
En Línea	Á Netinu
Financiación	Fjármögnun
Fotos	Myndir
Hechos	Staðreyndir
Industria	Iðnaður
Intelectual	Vitsmunalegum
Local	Staðbær
Opinión	Álit
Periódicos	Dagblöð
Público	Opinber
Radio	Útvarp
Red	Net
Revistas	Tímarit
Televisión	Sjónvarp

Mamíferos
Spendýr

Ballena	Hvalur
Burro	Asni
Caballo	Hestur
Camello	Úlfalda
Canguro	Kengúra
Cebra	Zebra
Conejo	Kanína
Coyote	Sléttuúlfur
Delfín	Höfrungur
Elefante	Fíl
Gato	Köttur
Gorila	Górilla
Jirafa	Gíraffi
Lobo	Úlfur
Mono	Api
Oso	Björn
Oveja	Kind
Perro	Hundur
Toro	Naut
Zorro	Refur

Mascotas
Gæludýr

Agua	Vatn
Cabra	Geit
Cachorro	Hvolpur
Cola	Hali
Collar	Kraga
Comida	Matur
Conejo	Kanína
Correa	Taumur
Garras	Klær
Gatito	Kettlingur
Gato	Köttur
Hámster	Hamstur
Lagarto	Eðla
Loro	Páfagaukur
Perro	Hundur
Pescado	Fiskur
Ratón	Mús
Tortuga	Skjaldbaka
Vaca	Kýr
Veterinario	Dýralæknir

Matemáticas
Stærðfræði

Aritmética	Tölur
Ángulos	Horn
Circunferencia	Ummál
Cuadrado	Ferningur
Decimal	Aukastaf
Diámetro	Þvermál
Ecuación	Jafna
Esfera	Kúla
Exponente	Veldisvísir
Fracción	Brot
Geometría	Rúmfræði
Paralelo	Samhliða
Paralelogramo	Hjálíðalogram
Perímetro	Jaðar
Polígono	Marghyrning
Radio	Radíus
Rectángulo	Rétthyrningur
Simetría	Samhverfu
Triángulo	Þríhyrningur
Volumen	Bindi

Mediciones
Mælingar

Altura	Hæð
Ancho	Breidd
Byte	Bæti
Centímetro	Sentimetr
Decimal	Aukastaf
Grado	Gráða
Gramo	Gramm
Kilogramo	Kíló
Kilómetro	Kílómetra
Litro	Lítri
Longitud	Lengd
Masa	Messi
Metro	Mælir
Minuto	Mínúta
Onza	Únsa
Peso	Þyngd
Profundidad	Dýpt
Pulgada	Tommu
Tonelada	Tonn
Volumen	Bindi

Meditación
Hugleiðsla

Aceptación	Samþykki
Atención	Athygli
Bondad	Góðvild
Calma	Logn
Claridad	Skýrleiki
Compasión	Samúð
Emociones	Tilfinningar
Felicidad	Hamingja
Gratitud	Þakklæti
Mental	Andlegt
Mente	Huga
Movimiento	Samtök
Música	Tónlist
Naturaleza	Náttúran
Observación	Athugun
Paz	Friður
Pensamientos	Hugsanir
Perspectiva	Sjónarhorni
Respiración	Öndun
Silencio	Þögn

Mitología
Goðafræði

Arquetipo	Arketype
Celos	Öfund
Cielo	Himnaríki
Comportamiento	Hegðun
Creación	Sköpun
Creencias	Viðhorf
Criatura	Skepna
Cultura	Menning
Desastre	Hörmung
Fuerza	Styrkur
Guerrero	Stríðsmaður
Héroe	Hetja
Inmortalidad	Ódauðleika
Laberinto	Völundarhús
Leyenda	Þjóðsaga
Monstruo	Skrímsli
Mortal	Dauðleg
Rayo	Elding
Trueno	Þrumur
Venganza	Hefnd

Moda
Tíska

Asequible	Hagkvæm
Bordado	Útsaumur
Botones	Hnappa
Boutique	Boutique
Caro	Dýr
Elegante	Glæsilegur
Encaje	Reima
Estilo	Stíl
Mediciones	Mælingar
Minimalista	Lægstur
Moderno	Nútíma
Modesto	Hógvær
Original	Originlegt
Patrón	Mynstur
Práctico	Hagnýt
Ropa	Fatnað
Sencillo	Einfalt
Tejido	Efni
Tendencia	Stefna
Textura	Áferð

Naturaleza
Náttúran

Abejas	Býflugur
Animales	Dýr
Ártico	Arktískur
Belleza	Fegurð
Bosque	Skógur
Desierto	Eyðimörk
Dinámico	Kvik
Erosión	Rof
Follaje	Sm
Glaciar	Jökull
Niebla	Þoka
Nubes	Ský
Pacífico	Friðsælt
Refugio	Skjól
Río	River
Salvaje	Villt
Santuario	Helgidómur
Sereno	Serene
Tropical	Tropical
Vital	Líflegt

Negocio
Viðskipti

Carrera	Feril
Costo	Kostnaður
Descuento	Afsláttur
Dinero	Peningar
Economía	Hagfræði
Empleado	Starfsmaður
Empleador	Vinnuveitandi
Empresa	Fyrirtæki
Fábrica	Verksmiðju
Finanzas	Fjármál
Impuestos	Skattar
Inversión	Fjárfesting
Mercancía	Varningi
Moneda	Mynt
Oficina	Skrifstofa
Personal	Starfsfólk
Tienda	Búð
Trabajo	Starf
Transacción	Viðskipti
Venta	Sölu

Nutrición
Næringu

Amargo	Bitur
Apetito	Matarlyst
Calidad	Gæði
Calorías	Hitaeiningar
Carbohidratos	Kolvetni
Cereales	Korn
Comestible	Ætur
Dieta	Mataræði
Digestión	Melting
Equilibrado	Rólegur
Fermentación	Gerjun
Nutriente	Næringarefni
Peso	Þyngd
Proteínas	Prótein
Sabor	Bragð
Salsa	Sósa
Salud	Heilsa
Saludable	Heilbrigður
Toxina	Eiturefni
Vitamina	Vítamín

Números
Tölur

Catorce	Fjórtán
Cero	Núll
Cinco	Fimm
Cuatro	Fjórir
Decimal	Aukastaf
Diecinueve	Nítján
Dieciocho	Átján
Dieciséis	Sextán
Diecisiete	Sautján
Diez	Tíu
Doce	Tólf
Dos	Tveir
Nueve	Níu
Ocho	Átta
Quince	Fimmtán
Seis	Sex
Siete	Sjö
Trece	Þrettán
Tres	Þrír
Veinte	Tuttugu

Océano
Haf

Alga	Þörunga
Anguila	Áll
Arrecife	Rif
Atún	Túnfiskur
Ballena	Hvalur
Barco	Bátur
Camarón	Rækja
Cangrejo	Krabbi
Coral	Kórall
Delfín	Höfrungur
Esponja	Svampur
Mareas	Sjávarföll
Medusa	Marglytta
Ostra	Ostra
Pescado	Fiskur
Pulpo	Kolkrabbi
Sal	Salt
Tiburón	Hákarl
Tormenta	Stormur
Tortuga	Skjaldbaka

Paisajes
Landslag

Cascada	Foss
Cueva	Helli
Desierto	Eyðimörk
Estuario	Árós
Géiser	Goshver
Glaciar	Jökull
Iceberg	Ísberg
Isla	Eyja
Lago	Stöðuvatn
Laguna	Lón
Mar	Sjó
Montaña	Fjall
Oasis	Vin
Pantano	Mýri
Península	Skagi
Playa	Fjara
Río	River
Tundra	Tundra
Valle	Dalur
Volcán	Eldfjall

Países #1
Löndum #1

Alemania	Þýskaland
Argentina	Argentína
Bélgica	Belgía
Brasil	Brasilía
Canadá	Kanada
Ecuador	Ekvador
Egipto	Egyptaland
España	Spánn
Finlandia	Finnland
Honduras	Hondúras
India	Indland
Italia	Ítalía
Libia	Líbýa
Malí	Malí
Marruecos	Marokkó
Nicaragua	Níkaragva
Noruega	Noregur
Panamá	Panama
Polonia	Pólland
Venezuela	Venesúela

Países #2
Löndum #2

Albania	Albanía
Australia	Ástralía
Austria	Austurríki
Dinamarca	Danmörk
Etiopía	Eþíópía
Francia	Frakkland
Grecia	Grikkland
Indonesia	Indónésía
Irlanda	Írland
Jamaica	Jamaíka
Japón	Japan
Laos	Laos
México	Mexíkó
Pakistán	Pakistan
Portugal	Portúgal
Rusia	Rússland
Siria	Sýrland
Sudán	Súdan
Ucrania	Úkraína
Uganda	Úganda

Pájaros
Fuglar

Avestruz	Strútur
Águila	Örn
Cigüeña	Storkur
Cisne	Svanur
Cuco	Gaukur
Cuervo	Kráka
Flamenco	Flamingo
Ganso	Gæs
Garza	Heron
Gaviota	Máfur
Gorrión	Sparrow
Halcón	Haukur
Huevo	Egg
Loro	Páfagaukur
Paloma	Dúfa
Pato	Önd
Pelícano	Pelican
Pingüino	Mörgæs
Pollo	Kjúklingur
Tucán	Toucan

Plantas
Plöntur

Arbusto	Bush
Árbol	Tré
Bambú	Bambus
Baya	Ber
Bosque	Skógur
Botánica	Grasafræði
Cactus	Kaktus
Fertilizante	Áburður
Flor	Blóm
Flora	Flora
Follaje	Sm
Frijol	Baun
Hiedra	Ivy
Hierba	Gras
Hoja	Lauf
Jardín	Garður
Musgo	Moss
Pétalo	Krónublað
Raíz	Rót
Vegetación	Gróður

Profesiones #1
Störfum #1

Abogado	Lögmaður
Artista	Listamaður
Atleta	Íþróttamaður
Bailarín	Dansari
Banquero	Bankastjóri
Cazador	Veiðimaður
Científico	Vísindamaður
Contable	Endurskoðandi
Doctor	Læknir
Editor	Ritstjóri
Embajador	Sendiherra
Entrenador	Þjálfari
Geólogo	Jarðfræðingur
Joyero	Skartgripir
Marinero	Sjómaður
Mecánico	Vélvirki
Pianista	Píanóleikari
Psicólogo	Sálfræðingur
Sastre	Klæðskeri
Veterinario	Dýralæknir

Psicología
Sálfræði

Clínico	Klínísk
Cognición	Vitsmuni
Comportamiento	Hegðun
Conflicto	Átök
Ego	Egó
Emociones	Tilfinningar
Evaluación	Mat
Experiencias	Reynslu
Ideas	Hugmyndir
Infancia	Barnæska
Influencias	Áhrif
Pensamientos	Hugsanir
Percepción	Skynjun
Personalidad	Persónuleiki
Problema	Vandamál
Realidad	Veruleiki
Recuerdos	Minningar
Sensación	Æsifregn
Sueños	Draumar
Terapia	Meðferð

Química
Efnafræði

Alcalino	Súr
Ácido	Sýra
Calor	Hita
Carbono	Kolefni
Catalizador	Hvati
Cloro	Klór
Electrón	Rafeind
Enzima	Ensím
Gas	Gas
Hidrógeno	Vetni
Ion	Jón
Líquido	Fljótandi
Metales	Málma
Molécula	Sameind
Nuclear	Kjarnorku
Oxígeno	Súrefni
Peso	Þyngd
Reacción	Viðbrögð
Sal	Salt
Temperatura	Hitastig

Restaurante #2
Veitingastaður #2

Agua	Vatn
Almuerzo	Hádegisverður
Aperitivo	Forréttur
Bebida	Drykkur
Camarero	Þjónn
Cena	Kvöldmatur
Cuchara	Skeið
Delicioso	Ljúffengur
Ensalada	Salat
Especias	Krydd
Fruta	Ávöxtur
Hielo	Ís
Huevos	Egg
Pastel	Kaka
Pescado	Fiskur
Sal	Salt
Silla	Stól
Sopa	Súpa
Tenedor	Gaffal
Verduras	Grænmeti

Ropa
Fötin

Abrigo	Kápu
Blusa	Blússa
Bufanda	Trefil
Camisa	Skyrta
Chaqueta	Jakki
Cinturón	Belti
Collar	Hálsmen
Delantal	Svuntu
Falda	Pils
Guantes	Hanska
Joyas	Skartgripir
Moda	Tíska
Pantalones	Buxur
Pijama	Náttföt
Pulsera	Armband
Sandalias	Skó
Sombrero	Hattur
Suéter	Peysa
Vestido	Kjóll
Zapato	Skór

Salud y Bienestar #1
Heilsufar og Vellíðan #1

Activo	Virkur
Altura	Hæð
Bacterias	Bakteríur
Doctor	Læknir
Farmacia	Apótek
Fractura	Beinbrot
Hambre	Hungur
Hábito	Venja
Hormonas	Hormón
Huesos	Bein
Lesión	Meiðslum
Medicina	Lyf
Músculos	Vöðva
Nervios	Taugar
Piel	Húð
Reflejo	Viðbragð
Relajación	Slökun
Suplementos	Fæðubótarefni
Tratamiento	Meðferð
Virus	Veira

Salud y Bienestar #2
Heilsufar og Vellíðan #2

Alergia	Ofnæmi
Anatomía	Líffærafræði
Apetito	Matarlyst
Caloría	Kaloría
Dieta	Mataræði
Digestión	Melting
Energía	Orka
Enfermedad	Sjúkdómur
Estrés	Streitu
Genética	Erfðafræði
Higiene	Hreinlæti
Hospital	Sjúkrahús
Infección	Smitun
Masaje	Nudd
Nutrición	Næring
Peso	Þyngd
Recuperación	Bata
Saludable	Heilbrigður
Sangre	Blóð
Vitamina	Vítamín

Selva Tropical
Regnskógur

Anfibios	Froskdýr
Botánico	Botanical
Clima	Veðurfar
Comunidad	Samfélag
Diversidad	Fjölbreytni
Especie	Tegund
Indígena	Frumbyggja
Insectos	Skordýr
Mamíferos	Spendýr
Musgo	Moss
Naturaleza	Náttúran
Nubes	Ský
Pájaros	Fuglar
Preservación	Varðveislu
Refugio	Athvarf
Respeto	Virðing
Restauración	Endurreisn
Selva	Frumskógur
Supervivencia	Lifun
Valioso	Dýrmætur

Senderismo
Gönguferðir

Acantilado	Bjarg
Agua	Vatn
Animales	Dýr
Botas	Stígvél
Camping	Útjæða
Cansado	Þreyttur
Clima	Veðurfar
Cumbre	Fundinum
Guías	Leiðsögumenn
Mapa	Kort
Montaña	Fjall
Mosquitos	Moskítóflugur
Naturaleza	Náttúran
Orientación	Stefnumörkun
Parques	Garður
Pesado	Þungt
Piedras	Steinar
Preparación	Undirbúningur
Salvaje	Villt
Sol	Sól

Suministros de Arte
List Vistir

Aceite	Olía
Acrílico	Akrýl
Acuarelas	Vatnslitir
Agua	Vatn
Arcilla	Leir
Borrador	Strokleður
Caballete	Glæsla
Cámara	Myndavél
Cepillos	Burstar
Colores	Liti
Creatividad	Sköpun
Ideas	Hugmyndir
Lápices	Blýantar
Mesa	Borð
Papel	Pappír
Pasteles	Pastellitir
Pegamento	Lím
Pinturas	Málningu
Silla	Stól
Tinta	Blek

Tiempo
Tíminn

Ahora	Núna
Antes	Áður
Anual	Árlega
Año	Ár
Ayer	Í Gær
Calendario	Dagatal
Década	Áratugur
Día	Dagur
Futuro	Framtíð
Hora	Klukkustund
Hoy	Í Dag
Mañana	Morgunn
Mediodía	Hádegi
Mes	Mánuður
Minuto	Mínúta
Momento	Augnablik
Noche	Nótt
Reloj	Klukka
Semana	Vika
Siglo	Öld

Tipos de Cabello
Hárið Tegundir

Blanco	Hvítur
Brillante	Glansandi
Cabelludo	Hársvörð
Calvo	Sköllóttur
Corto	Stutt
Delgada	Þunnur
Gris	Grár
Grueso	Þykkur
Largo	Langt
Marrón	Brúnt
Negro	Svart
Plata	Silfur
Rizado	Hrokkið
Rizos	Krulla
Rubio	Ljóshærður
Saludable	Heilbrigður
Seco	Þurr
Suave	Mjúkur
Trenzado	Fléttum
Trenzas	Fléttur

Universo
Alheimurinn

Asteroide	Smástirni
Astronomía	Stjörnufræði
Atmósfera	Stjórnmál
Celestial	Himneti
Cielo	Himinn
Cósmico	Cosmic
Ecuador	Miðbaugur
Eón	Eon
Galaxia	Galaxy
Hemisferio	Jarðar
Latitud	Breidd
Longitud	Lengdargráðu
Luna	Tungl
Oscuridad	Myrkur
Órbita	Sporbraut
Solar	Sól
Solsticio	Sólstöður
Telescopio	Sjónauki
Visible	Sýnlegt
Zodíaco	Dýrir

Vehículos
Ökutæki

Ambulancia	Sjúkrabíll
Autobús	Rútu
Avión	Flugvél
Balsa	Fleki
Barco	Bátur
Bicicleta	Reiðhjól
Camión	Vörubíll
Caravana	Hjólhýsi
Coche	Bíll
Cohete	Eldflaug
Ferry	Ferja
Furgoneta	Van
Helicóptero	Þyrla
Lanzadera	Skutla
Motor	Mótor
Neumáticos	Dekk
Submarino	Kafbátur
Taxi	Taxi
Tractor	Dráttarvél
Tren	Lest

Verduras
Grænmeti

Ajo	Hvítlaukur
Alcachofa	Artihoke
Apio	Sellerí
Berenjena	Eggaldin
Brócoli	Spergilkál
Calabaza	Grasker
Cebolla	Laukur
Ensalada	Salat
Espinacas	Spínat
Guisante	Pea
Jengibre	Engifer
Nabo	Næpa
Oliva	Ólíf
Patata	Kartöflu
Pepino	Gúrku
Perejil	Steinselja
Rábano	Ræðja
Seta	Sveppir
Tomate	Tómat
Zanahoria	Gulrót

Enhorabuena

Lo has conseguido!

Esperamos que hayas disfrutado de este libro tanto como nosotros al diseñarlo. Nos esforzamos por crear libros de la máxima calidad posible.
Esta edición está diseñada para proporcionar un aprendizaje inteligente, de calidad y divertido!

¿Te ha gustado este libro?

Una Petición Sencilla

Estos libros existen gracias a las reseñas que se publican.
¿Podrías ayudarnos dejando una reseña ahora?
Aquí tienes un breve enlace a la página de reseñas

BestBooksActivity.com/Opiniones50

¡DESAFÍO FINAL!

Reto n°1

¿Estás listo para tu juego gratis? Los utilizamos siempre, pero no son tan fáciles de encontrar. ¡Aquí están los **Sinónimos!**

Escribe 5 palabras que hayas encontrado en los rompecabezas (#21, #36, #76) y trata de encontrar 2 sinónimos para cada palabra.

Escriba 5 palabras del **Puzzle 21**

Palabras	Sinónimo 1	Sinónimo 2

Escriba 5 palabras del **Puzzle 36**

Palabras	Sinónimo 1	Sinónimo 2

Escriba 5 palabras del **Puzzle 76**

Palabras	Sinónimo 1	Sinónimo 2

Reto n°2

Ahora que te has calentado, escribe 5 palabras que hayas encontrado en los Puzzles 9, 17 y 25 e intenta encontrar 2 antónimos para cada palabra. ¿Cuántos puedes encontrar en 20 minutos?

Escriba 5 palabras del **Puzzle 9**

Palabras	Antónimo 1	Antónimo 2

Escriba 5 palabras del **Puzzle 17**

Palabras	Antónimo 1	Antónimo 2

Escriba 5 palabras del **Puzzle 25**

Palabras	Antónimo 1	Antónimo 2

Reto n°3

¡Genial! Este desafío final no es nada para ti.

¿Preparado para el reto final? Elige 10 palabras que hayas descubierto en los diferentes rompecabezas y escríbelas a continuación.

1.	6.
2.	7.
3.	8.
4.	9.
5.	10.

Ahora escribe un texto pensando en una persona, un animal o un lugar que te guste.

Puedes usar la última página de este libro como borrador.

Tu Composición:

CUADERNO DE NOTAS :

HASTA PRONTO !

Todo el Equipo

DESCUBRA JUEGOS GRATIS

GO

↓

BESTACTIVITYBOOKS.COM/FREEGAMES